para hoy
tapas

Bath · New York · Singapore · Hong Kong · Cologne · Delhi · Melbourne

Las cucharadas indicadas en las medidas son rasas: las cucharaditas corresponden a
5 ml y las cucharadas a 15 ml. Si no se especifica otra cosa, la leche es siempre entera;
los huevos y las verduras y hortalizas que se indiquen en piezas, por ejemplo, patatas,
son medianos, y la pimienta, negra y recién molida.

Las recetas que llevan huevo crudo o poco hecho no están indicadas para niños, an-
cianos, mujeres embarazadas ni personas convalecientes o enfermas. Se desaconseja
el consumo de cacahuetes o productos derivados a mujeres embarazadas o lactantes.

para hoy

tapas

introducción

Las tapas se han vuelto muy populares en los últimos años, pero ¿qué son exactamente y de dónde provienen?

Tapas es el nombre genérico para los deliciosos bocaditos de algo salado, servidos como acompañamiento de una copa de vino, una cerveza u otra bebida. La palabra tapa se refiere concretamente a la «tapa» creada por la rebanada de pan que el mesonero colocaba sobre el vaso de vino del cliente para mantener alejados las moscas y el polvo entre trago y trago. Entonces, los andaluces tuvieron la genial idea de colocar algo pequeño y sabroso sobre el pan para picar, como unos tacos de queso o de jamón, y de esta forma nació esta

«institución» española. Hoy, las tapas se sirven en prácticamente cualquier bar de todo el país. Normalmente están expuestas en la barra y el cliente las pide o las selecciona él mismo, y puede degustarlas de pie o sentado a la barra, o en la mesa.

Todo lo que se refiere a las tapas, desde la preparación hasta la degustación y disfrute, es una experiencia totalmente española. El tapeo es un exponente de lo que significa el hecho de comer: un auténtico deleite para los sentidos; entran por los ojos y saben aún mejor.

Puede servir una sencilla selección de estas pequeñas delicias gastronómicas con unas bebidas antes del almuerzo o de la cena, o un surtido más amplio que servirá como comida o cena completa. Las tapas se preparan con una gran variedad de alimentos: carne, pescado, marisco, huevos, frutos secos y queso, así como cualquier verdura u hortaliza que pueda imaginar, en un saludable estilo

mediterráneo, con salsas y aliños que aportan todavía más sabor e interés a la experiencia del tapeo.

Tapear es sinónimo de hospitalidad, de amistad y de buena conversación, así que empiece a comer, olvídese de las preocupaciones de la jornada y pase un buen rato con sus seres queridos.

para picar

Con el auge experimentado por la cocina en los últimos tiempos, el picoteo y el aperitivo previo al almuerzo o a la cena se han convertido en placeres muy tentadores. Suculentas aceitunas verdes o negras aliñadas con hierbas; crujientes almendras tostadas, sazonadas con sal gruesa y pimentón; tartaletas de cangrejo y pizzas en miniatura; gambas al ajillo o champiñones salteados; salsas para mojar que saben a gloria; tomates rellenos; puntas de espárragos envueltas en jamón, el ingrediente estrella que nunca debe faltar en ninguna casa: todas estas recetas están aquí y todo lo que precisa es escoger su bebida mientras empieza a comer y dejarse llevar por sus sentidos.

Los palillos son algo esencial para la degustación de tapas, así que procure tenerlos a mano. En algunos bares todas las tapas se sirven así y el número de palillos que queda en el plato determina el importe de la factura, pero si sirve tapas en una fiesta, el objetivo de los palillos es que sus invitados se ensucien las manos lo menos posible, porque comer estos sabrosos bocaditos a veces puede resultar algo complicado.

Si piensa servir aceitunas aliñadas, recuerde que tiene que prepararlas con antelación, porque es mejor dejarlas en adobo uno o dos días, o incluso más tiempo, para que se aromaticen bien.

aceitunas con naranja y limón

ingredientes

PARA 4-6 PERSONAS

2 cucharaditas de semillas
   de hinojo

2 cucharaditas de semillas
   de comino

250 g de aceitunas verdes

250 g de aceitunas negras

2 cucharaditas de ralladura
   de naranja

2 cucharaditas de ralladura
   de limón

3 chalotes picados

1 pizca de canela molida

4 cucharadas de vinagre
   de vino blanco

5 cucharadas de aceite
   de oliva

2 cucharadas de zumo
   de naranja

1 cucharada de menta picada

1 cucharada de perejil picado

preparación

1 Tueste las semillas de hinojo y de comino, sin aceite, en una sartén de base gruesa, agitándola. Cuando se abran y suelten su aroma, retírelas del fuego. Deje que se enfríen.

2 Ponga las aceitunas, la ralladura de naranja y de limón, el chalote, la canela y las semillas en un bol.

3 Bata el vinagre, el aceite de oliva, el zumo de naranja, la menta y el perejil en otro bol y vierta la mezcla sobre las aceitunas. Remueva bien, tápelas y déjelas en el frigorífico durante 1 o 2 días antes de servirlas.

aceitunas aliñadas

ingredientes

PARA 8 PERSONAS

500 g de aceitunas verdes
    grandes, con hueso,
    escurridas

4 dientes de ajo pelados

2 cucharaditas de semillas
    de cilantro

1 limón pequeño

4 ramitas de tomillo fresco

4 tallos ramosos de hinojo

2 guindillas rojas frescas,
    pequeñas (opcional)

pimienta

aceite de oliva virgen extra,
    para cubrir

preparación

1 Para que los aromas del aliño penetren en las aceitunas, póngalas sobre un tajo y, con un rodillo, golpéelas sin excesiva fuerza para resquebrajarlas un poco. También puede hacer lo siguiente: con un cuchillo afilado, haga en cada aceituna un corte longitudinal rozando el hueso. Con la hoja de un cuchillo ancho, aplaste los dientes de ajo. Maje las semillas de cilantro. Sin pelarlo, corte el limón en trozos pequeños.

2 Ponga las aceitunas, el ajo, las semillas de cilantro, los trozos de limón, las ramitas de tomillo, el hinojo y las guindillas (si las usa) en un cuenco grande; remuévalo todo. Sazone con pimienta al gusto pero no añada sal, ya que las aceitunas en conserva son bastante saladas. Introduzca los ingredientes bien comprimidos en un tarro de vidrio con tapadera. Vierta aceite hasta cubrir las aceitunas y tape el tarro herméticamente.

3 Deje las aceitunas a temperatura ambiente unas 24 horas; después déjelas macerar en el frigorífico 1 semana como mínimo antes de consumirlas. De vez en cuando, agite suavemente el tarro para que vuelvan a mezclarse los ingredientes. Antes de servirlas, deje las aceitunas a temperatura ambiente 1 hora y sáquelas del aceite, escurriéndolas bien. Ponga junto a las aceitunas palillos para que los comensales puedan pincharlas.

aceitunas envueltas en anchoa

ingredientes

PARA 12 UNIDADES

12 filetes de anchoa en aceite

24 aceitunas verdes rellenas
de pimiento, escurridas

preparación

1 Escurra bien los filetes de anchoa y, con un cuchillo afilado, córtelos por la mitad a lo largo.

2 Envuelva una aceituna con medio filete de anchoa y ensártela en un palillo. Siga haciendo pinchos hasta acabar los ingredientes. Sirva las aceitunas enseguida o tápelas hasta que vaya a servirlas.

almendras al pimentón

ingredientes

**PARA 500 G, O PARA
4-6 PERSONAS**

1^1/$_2$ cucharadas de sal
    marina gruesa

^{1}/$_2$ cucharadita de pimentón
    dulce ahumado o picante,
    al gusto

500 g de almendras crudas,
    sin piel

aceite de oliva virgen extra

preparación

1 Precaliente el horno a 200 °C. Ponga la sal
y el pimentón en un mortero y májelos hasta
obtener un polvo fino. Si lo prefiere, use un
molinillo eléctrico (las cantidades son muy
pequeñas para un robot de cocina).

2 Ponga las almendras en una bandeja
y tuéstelas en el horno de 8 a 10 minutos,
removiéndolas de vez en cuando, hasta que
estén doradas y desprendan aroma a tostado.
Al cabo de 7 minutos, vigile las almendras
de cerca porque se queman con facilidad.
Páselas a un cuenco refractario.

3 Vierta una cucharada de aceite de oliva
y remueva las almendras para untarlas bien.
Si es necesario, añada más aceite. Espolvoree
las almendras con la mezcla de sal marina
y pimentón dulce y vuelva a removerlas.
Páselas a un bol pequeño y sírvalas a
temperatura ambiente.

almendras saladas

ingredientes

PARA 6-8 PERSONAS

225 g de almendras,
con o sin piel
(*véase* preparación)

4 cucharadas de aceite
de oliva

sal marina gruesa

1 cucharadita de pimentón
o comino molido
(opcional)

preparación

1 Precaliente el horno a 180 ºC. Las almendras que se conservan con su piel son las de mejor sabor, pero comprarlas peladas es más cómodo. Si las usa con piel, póngalas en un cuenco y escáldelas con agua hirviendo. Pasados 3 o 4 minutos, sumérjalas en agua fría durante 1 minuto. Escúrralas bien y pélelas con los dedos. Póngalas sobre papel de cocina para que queden bien secas.

2 Eche el aceite en la bandeja del horno e inclínela en todas direcciones para que el aceite cubra toda la base. Eche en la bandeja las almendras, remuévalas para que queden uniformemente untadas y luego espárzalas de modo que formen una sola capa.

3 Tueste las almendras en el horno unos 20 minutos o hasta que estén algo doradas, dándoles la vuelta varias veces. Póngalas sobre papel de cocina para que absorba el aceite y después páselas a un bol.

4 Mientras las almendras estén aún templadas, espolvoréelas con abundante sal y con pimentón o comino, si se usa, removiéndolas para que queden sazonadas por igual. Sírvalas templadas o frías. Las almendras están mejor si se sirven recién tostadas y condimentadas; así que, si es posible, prepárelas el mismo día en que vaya a servirlas. Pueden guardarse hasta 3 días en un bote hermético.

puré de habas
al estilo morisco

ingredientes

PARA 6 PERSONAS

500 g de habas tiernas (sin
　　las vainas) o congeladas
5 cucharadas de aceite
　　de oliva
1 diente de ajo picado
1 cebolla picada
1 cucharadita de comino
　　molido
1 cucharada de zumo
　　de limón
175 ml de agua
1 cucharada de menta fresca
　　picada
sal y pimienta
pimentón dulce, para adornar
bastoncillos de hortalizas
　　crudas, pan crujiente
　　o palitos de pan,
　　para acompañar

preparación

1 Si usa habas tiernas, lleve una olla con
agua ligeramente salada a ebullición.
Cuando hierva, eche las habas, baje el fuego
y cuézalas, tapadas, durante 7 minutos.
Escúrralas bien, aclárelas con agua fría y
vuelva a escurrirlas. Quíteles la piel. Si usa
habas congeladas, deje que se descongelen
por completo y después pélelas.

2 Caliente 1 cucharada de aceite de oliva
en una cazuela. Eche el ajo, la cebolla
y el comino y sofríalo todo a fuego lento,
removiendo de vez en cuando, hasta que la
cebolla esté tierna y transparente. Incorpore
las habas y fríalas, removiendo a menudo,
unos 5 minutos.

3 Retire la cazuela del fuego y ponga su
contenido en el recipiente de la batidora.
Agregue el zumo de limón, el resto del aceite,
el agua y la menta, y tritúrelo todo hasta
obtener un puré. Salpiméntelo al gusto.

4 Vuelva a poner el puré en la cazuela y
caliéntelo un poco a fuego lento. Póngalo en
boles individuales y espolvoréelo ligeramente
con pimentón dulce. Sírvalo con bastoncillos
de las hortalizas frescas que prefiera y pan
para acompañar.

montaditos de pisto

ingredientes

PARA 6-8 PERSONAS

2 berenjenas grandes

2 pimientos rojos

4 cucharadas de aceite
de oliva

2 dientes de ajo picados

la ralladura y el zumo
de $1/2$ limón

1 cucharada de cilantro
fresco picado y unas
ramitas para adornar

$1/2$-1 cucharadita de
pimentón dulce

sal y pimienta

rebanadas de pan fresco o
tostado, para acompañar

preparación

1 Precaliente el horno a 190 °C. Pinche la piel de las berenjenas y los pimientos con un tenedor y úntelos con 1 cucharada de aceite de oliva. Póngalos en una fuente refractaria y áselos en el horno durante 45 minutos o hasta que las pieles se empiecen a ennegrecer, la pulpa de las berenjenas esté tierna y los pimientos se hayan desinflado.

2 Cuando estén hechas, ponga las hortalizas en un cuenco y cúbralas con un paño de cocina limpio y húmedo, o bien métalas en una bolsa de plástico. Déjelas reposar 15 minutos, hasta que se hayan enfriado un poco. Parta las berenjenas por la mitad a lo largo, extraiga con cuidado la pulpa y deseche la piel. Corte la pulpa en trozos grandes. Arranque y deseche el pedúnculo y las semillas de los pimientos y trocéelos gruesos.

3 Caliente el resto del aceite en una sartén y fría la berenjena y el pimiento 5 minutos. Añada el ajo y fríalo todo 30 segundos.

4 Retire el exceso de aceite del pisto, si fuera necesario. Añada la ralladura y el zumo de limón, el cilantro, el pimentón, sal y pimienta. Pase el pisto a una salsera. Sírvalo templado, a temperatura ambiente o bien déjelo enfriar 30 minutos y después refrigérelo 1 hora si prefiere servirlo frío. Decórelo con cilantro y sírvalo sobre rebanadas de pan fresco o tostado.

puré de berenjena

ingredientes

PARA 6-8 PERSONAS

1 berenjena grande, de unos
    400 g

5 cucharadas de aceite
    de oliva

2 cebolletas troceadas

1 diente grande de ajo,
    picado

2 cucharadas de perejil
    picado

sal y pimienta

pimentón dulce ahumado,
    para adornar

rebanadas de pan,
    para acompañar

preparación

1 Corte la berenjena en trozos gruesos y espolvoréela con sal para quitarle el amargor. Déjela reposar durante 30 minutos, enjuáguela con agua y séquela. En una sartén grande, caliente 4 cucharadas de aceite de oliva a fuego medio. Eche los trozos de berenjena en la sartén y fríalos por todos los lados hasta que estén blandos y se empiecen a dorar. Retírelos de la sartén y déjelos enfriar. Soltarán aceite.

2 Caliente el resto del aceite de oliva en la sartén. Añada la cebolleta y el ajo y fríalo durante 3 minutos o hasta que la cebolleta se ablande. Retírelo del fuego y póngalo aparte, junto con la berenjena, para que se enfríe.

3 Ponga todos los ingredientes en el recipiente de una batidora y tritúrelos hasta obtener un puré granulado. Páselo a una salsera y espolvoréelo con el perejil. Pruebe el puré y rectifíquelo de sal y pimienta si lo cree conveniente. Sírvalo enseguida o tápelo y déjelo en el frigorífico hasta unos 15 minutos antes de servirlo, espolvoreado con pimentón dulce y acompañado de rebanadas de pan.

patatas con salsa de ajos asados

ingredientes

PARA 8 PERSONAS

1¼ kg de patatas, sin pelar
   y partidas por la mitad
2 cucharadas de aceite
   de oliva
1 diente de ajo picado
2 cucharaditas de sal

salsa de ajos asados
2 cabezas de ajos, con los
   dientes separados
1 cucharada de aceite
   de oliva
5 cucharadas de nata agria
   o de yogur natural
4 cucharadas de mayonesa
sal
pimentón dulce al gusto

preparación

1 En primer lugar, prepare la salsa de ajos asados. Precaliente el horno a 200 °C. Coloque los dientes de ajo en una fuente para el horno, vierta el aceite de oliva y remuévalos para que queden bien untados. Distribúyalos en una sola capa y áselos al horno durante 25 minutos o hasta que estén tiernos. Sáquelos del horno y déjelos reposar hasta que se enfríen un poco.

2 Pele los dientes de ajo, póngalos en una tabla de madera y espolvoréelos con un poco de sal. Cháfelos bien, hasta obtener una pasta suave. Pásela a un bol y añádale la nata agria y la mayonesa. Sazone la salsa a su gusto con sal y pimentón dulce. Tape el bol con film transparente y déjelo en el frigorífico hasta la hora de servir las patatas.

3 Para hacer las patatas, corte cada mitad en tres gajos y colóquelos en una fuente. Añádales el aceite de oliva, el ajo y la sal y remueva bien. Pase las patatas a una fuente para el horno, dispóngalas en una sola capa y áselas entre 1-1¼ horas o hasta que estén doradas y crujientes.

4 Retírelas del horno y sírvalas en boles individuales con la salsa aparte.

calabacín rebozado con salsa de piñones

ingredientes

PARA 8 PERSONAS

450 g de calabacines

3 cucharadas de harina

1 cucharadita de pimentón

1 huevo grande

2 cucharadas de leche

abundante aceite de girasol,
    para freír

sal marina gruesa

salsa de piñones

100 g de piñones

1 diente de ajo pelado

3 cucharadas de aceite
    de oliva virgen extra

1 cucharada de zumo
    de limón

3 cucharadas de agua

1 cucharada de perejil picado

sal y pimienta

preparación

1 Ponga los piñones y el ajo en el recipiente del robot de cocina y píquelos finos. Con el motor aún en marcha, vierta poco a poco el aceite de oliva, el zumo de limón y el agua para obtener una salsa fina. Agregue el perejil y salpimiéntela. Pase la salsa a un bol.

2 Corte los calabacines en rodajas diagonales de unos 5 mm de grueso. Mezcle la harina y el pimentón en una bolsa de plástico. Bata en un cuenco el huevo y la leche.

3 Meta en la bolsa con la harina y el pimentón las rodajas de calabacín y agítela un poco para que queden bien rebozadas. Al sacarlas, sacuda el exceso de harina. Caliente abundante aceite en una sartén. Pase las rodajas de calabacín, de una en una, por la mezcla de huevo y luego échelas en el aceite caliente. Fríalas por tandas, sin que se amontonen en la sartén, durante 2 minutos o hasta que estén crujientes y doradas.

4 Retire el calabacín con una rasera y deje que se escurra sobre papel de cocina. Termine de freír todas las rodajas de calabacín.

5 Sírvalas bien calientes, ligeramente espolvoreadas con sal marina y acompañadas de la salsa de piñones para mojar.

banderillas

ingredientes

PARA 8-10 PERSONAS

1 cucharada de vinagre

4 dientes de ajo picados

1 guindilla roja fresca, sin
    semillas y picada

1 cucharada de pimentón

4 cucharadas de aceite
    de oliva

3 pechugas de pollo, sin
    hueso ni piel, en dados

1 aguacate

3 cucharadas de zumo
    de limón

115 g de queso ahumado,
    en dados

8-10 aceitunas negras sin
    hueso

8-10 tomates cereza

85 g de queso manchego
    o cheddar, en dados

8-10 aceitunas rellenas
    de pimiento

1/2 melón cantaloup,
    despepitado

5-6 lonchas de jamón serrano

salsa

4 dientes de ajo picados

6 cucharadas de perejil
    picado

6 cucharadas de pepinillos
    picados

150 ml de aceite de oliva

preparación

1 Mezcle en un bol el vinagre, el ajo, la
guindilla, el pimentón y el aceite. Añada el
pollo, remuévalo todo bien, tápelo y déjelo
macerar en el frigorífico durante 2 horas
como mínimo, o mejor, toda la noche.

2 Caliente una sartén de base gruesa y sofría
el pollo adobado a fuego lento, removiendo
a menudo, de 10 a 15 minutos o hasta que
esté hecho. Retire la sartén del fuego, déjelo
enfriar a temperatura ambiente y pinche
los dados con palillos.

3 Pele y deshuese el aguacate y córtelo en
dados. Rocíelos con el zumo de limón y
ensártelos en palillos con el queso ahumado.
Haga también banderillas de aceitunas
negras, tomates, queso manchego y aceitunas
rellenas.

4 Prepare 20 bolas de melón con un vaciador
o una cucharilla. Corte el jamón en 20 tiras
y enróllelas alrededor de las bolas de melón.
Ensarte 2 bolas de melón en cada palillo.

5 Para hacer la salsa, mezcle todos los
ingredientes en un bol hasta obtener un
puré espeso. Disponga las banderillas en
una fuente y sírvalas con la salsa aparte.

espárragos asados
con jamón serrano

ingredientes

PARA 12 UNIDADES

2 cucharadas de aceite
    de oliva
6 lonchas de jamón serrano
12 espárragos trigueros
pimienta
alioli (*véase* página 70),
    para mojar

preparación

1 Precaliente el horno a 200 °C. Ponga la mitad del aceite en una fuente para el horno donde quepan todos los espárragos en una sola capa y muévala de un lado a otro para que el aceite cubra toda la base. Corte las lonchas de jamón serrano por la mitad a lo largo.

2 Corte y deseche la parte dura de los espárragos y enróllelos con media loncha de jamón cada uno. Coloque los espárragos en la fuente y rocíelos con el aceite de oliva restante. Sazónelos con pimienta.

3 Ase los espárragos en el horno durante unos 10 minutos, según su grosor, o hasta que estén tiernos pero aún consistentes. Es importante que no los ase en exceso porque deben quedar firmes para poder cogerlos con los dedos.

4 Sirva los espárragos asados con jamón muy calientes, acompañados con un bol de alioli.

patatas envueltas en jamón

ingredientes

PARA 4 PERSONAS

12 patatas nuevas sin pelar

2 cucharadas de aceite
   de oliva

12 lonchas de jamón serrano

sal

preparación

1 Precaliente el horno a 200 °C. Ponga las patatas en una vaporera colocada encima de una olla con agua hirviendo. Tápelas y deje que se cuezan al vapor durante 30 minutos o hasta que estén tiernas. Retírelas del fuego y deje que se enfríen un poco.

2 Vierta el aceite de oliva en una fuente para el horno. Envuelva cada patata en una loncha de jamón y colóquelas en la fuente en una sola capa. Áselas en el horno, dándoles la vuelta de vez en cuando, durante 20 minutos.

3 Disponga las patatas en platos precalentados, rectifíquelas de sal y sírvalas enseguida, o bien deje que se enfríen ligeramente.

higadillos de
pollo especiados

ingredientes

PARA 4-6 PERSONAS

115 g de harina

¹/₂ cucharadita de comino
molido

¹/₂ cucharadita de cilantro
molido

¹/₂ cucharadita de pimentón
dulce

¹/₄ de cucharadita de nuez
moscada recién rallada

350 g de higadillos de pollo

6 cucharadas de aceite
de oliva

sal y pimienta

ramitas de menta,
para adornar

preparación

1 Ponga la harina en un plato llano y mézclela
con el comino, el cilantro, el pimentón y la
nuez moscada. Salpimiente al gusto.

2 Recorte cualquier impureza de los higadillos
y séquelos con papel de cocina. Córtelos por
la mitad o en cuartos. Rebócelos bien con la
preparación de harina, aunque no en exceso.

3 Caliente el aceite en una sartén de base
gruesa y fría los higadillos, en tandas, a fuego
fuerte y removiéndolos a menudo, de 3 a
5 minutos o hasta que estén crujientes por
fuera y tiernos por dentro. Sírvalos pinchados
con palillos y adornados con menta.

alitas de pollo
con aliño de tomate

ingredientes

PARA 6 PERSONAS

175 ml de aceite de oliva

3 dientes de ajo picados

1 cucharadita de comino molido

1 kg de alitas de pollo

2 tomates pelados, sin semillas y en dados

5 cucharadas de vinagre de vino blanco

1 cucharada de albahaca troceada

preparación

1 Precaliente el horno a 180 °C. Mezcle 1 cucharada de aceite, el ajo y el comino en una fuente llana. Deseche las puntas de las alitas de pollo. Ponga las alitas en la fuente y úntelas bien con el adobo. Tápelas bien con film transparente y déjelas macerar en un lugar fresco durante 15 minutos.

2 Caliente 3 cucharadas de aceite en una sartén de base gruesa y fría las alitas de pollo, en tandas y dándoles la vuelta, hasta que estén bien doradas. Páselas a una fuente para asados. Ase las alitas de 10 a 15 minutos o hasta que estén tiernas y salga un jugo transparente al pincharlas en la parte más carnosa con la punta de un cuchillo afilado.

3 Mientras tanto, mezcle en un bol el resto del aceite con el tomate, el vinagre de vino blanco y la albahaca.

4 Con unas pinzas, pase las alitas a un cuenco que no sea metálico. Eche el aliño por encima de forma que queden bien impregnadas. Tape el recipiente con film transparente y déjelo en el frigorífico 4 horas. Sáquelo de 30 a 60 minutos antes de servirlo para que esté a temperatura ambiente.

picatostes al ajo con chorizo

ingredientes

PARA 6-8 PERSONAS

200 g de chorizo, sin la piel

4 rebanadas gruesas de pan
rústico de 2 días

aceite de oliva, para freír

3 dientes de ajo picados finos

2 cucharadas de perejil
picado

pimentón, para adornar

preparación

1 Corte el chorizo en rodajas de 1 cm de grueso y corte el pan, con su corteza, en dados de 1 cm de lado. En una sartén grande, de base gruesa, eche aceite de oliva en cantidad suficiente para que cubra bien la base. Caliente el aceite y fría el ajo entre 30 segundos y 1 minuto, o hasta que esté ligeramente dorado.

2 Fría los dados de pan, dándoles la vuelta sin cesar, hasta que estén crujientes y bien dorados. Eche las rodajas de chorizo y fríalas entre 1 y 2 minutos o hasta que estén calientes. Con una rasera, saque los picatostes y el chorizo de la sartén y déjelos escurrir sobre papel de cocina.

3 Disponga los picatostes y el chorizo en una fuente caliente y adórnelos con el perejil picado. Como nota decorativa, espolvoree la fuente con pimentón. Sirva esta tapa caliente. Ponga palillos al alcance de los comensales para que puedan ensartar juntos un trozo de chorizo y un picatoste.

bocaditos de carne

ingredientes

PARA 4-6 PERSONAS

2 cucharadas de aceite
   de oliva

1 cebolla troceada

1 cucharadita de pimentón
   dulce

1 diente de ajo picado

1 guindilla roja fresca, sin
   semillas y cortada en
   rodajas

400 g de tomate troceado
   en conserva

2 cucharadas de vino blanco
   seco

1 cucharada de concentrado
   de tomate

1 cucharada de vinagre
   de jerez

2 cucharaditas de azúcar

2 filetes de ternera, de unos
   175-225 g cada uno

2 cucharaditas de tabasco

1 cucharada de perejil picado

sal y pimienta

preparación

1 Caliente 1 cucharada de aceite en una
cazuela de base gruesa y fría la cebolla a
fuego lento, removiendo de vez en cuando,
durante 5 minutos o hasta que se haya
ablandado. Eche el pimentón, el ajo y la
guindilla y siga friendo 2 o 3 minutos más.
Añada el tomate con el jugo de la lata, el vino,
el concentrado de tomate, el vinagre y el
azúcar. Cueza la salsa despacio de 15 a
20 minutos o hasta que se espese.

2 Mientras tanto, caliente una sartén de base
gruesa o una plancha a fuego fuerte y úntela
con el resto del aceite. Sazone los filetes con
pimienta, úntelos con tabasco y áselos
durante 1 o 1^1/$_2$ minutos por cada lado,
o hasta que se doren. Baje el fuego y áselos,
dándoles la vuelta una vez, 3 minutos si le
gustan poco hechos, 4 o 5 si le gustan medio
hechos, o de 5 a 7 si los prefiere bien hechos.
Resérvelos calientes.

3 Vierta la salsa en el recipiente de una
batidora y bátala hasta que quede bastante
fina. Póngala en una salsera, salpimiéntela
al gusto y espolvoréela con perejil.

4 Ponga la carne sobre una tabla de picar
y córtela en dados. Ensártelos en palillos,
colóquelos en platos y sírvalos enseguida,
con la salsa aparte.

langostinos al ajillo con guindilla

ingredientes

PARA 6 PERSONAS

500 g de langostinos tigre,
    sin pelar

1 guindilla roja fresca

6 cucharadas de aceite
    de oliva

2 dientes de ajos picados
    finos

1 pizca de pimentón

sal

pan crujiente,
    para acompañar

preparación

1 Arranque la cabeza a los langostinos. Pélelos, dejando las colas intactas. Con un cuchillo afilado, haga una incisión poco profunda a lo largo del lomo para extraerles el hilo intestinal. Aclare los langostinos bajo el chorro de agua fría y séquelos con papel de cocina.

2 Corte la guindilla por la mitad, a lo largo, retire las semillas y píquela fina. Trabaje con guantes o lávese las manos después de picar la guindilla, ya que la sustancia que desprende puede irritar las pieles sensibles, especialmente alrededor de los ojos, nariz o boca. En cualquier caso, nunca se frote los ojos tras tocar la pulpa de la guindilla.

3 Caliente el aceite en una sartén grande de base gruesa o en una cazuela resistente al fuego y fría el ajo durante 30 segundos. Añada los langostinos, la guindilla, el pimentón y una pizca de sal; fríalo todo, removiendo sin cesar, durante 2 o 3 minutos, hasta que los langostinos adquieran un color rosado y empiecen a enroscarse.

4 Sirva los langostinos en el recipiente donde los haya frito, mientras aún chisporroteen. Acompáñelos con palillos, para pincharlos, y con trozos o rebanadas de pan crujiente, para mojar en el aceite.

gambas picantes al jerez

ingredientes

PARA 4 PERSONAS

12 gambas frescas del
    Mediterráneo
2 cucharadas de aceite
    de oliva
2 cucharadas de jerez seco
1 pizca de cayena molida
    o 1 chorrito de tabasco
sal y pimienta

preparación

1 Arranque la cabeza a las gambas y pélalas, dejando la cola intacta. Haga una incisión a lo largo del lomo para extraer el hilo intestinal. Aclare las gambas bajo el chorro de agua fría y séquelas bien.

2 Caliente el aceite de oliva en una sartén de base gruesa y fría las gambas a fuego medio, removiéndolas de vez en cuando, unos 2 o 3 minutos o hasta que adquieran un color rosado. Añada el jerez y sazónelas al gusto con cayena, sal y pimienta.

3 Pase las gambas con su salsa a una fuente. Pínchelas con palillos y sírvalas enseguida.

tartaletas de cangrejo

ingredientes

PARA 24 UNIDADES

1 cucharada de aceite

1 cebolla pequeña picada

1 diente de ajo picado fino

1 chorrito de vino blanco seco

2 huevos

150 ml de leche o de nata
    líquida

175 g de carne de cangrejo
    en conserva, escurrida

60 g de queso manchego
    o parmesano, rallado

2 cucharadas de perejil
    picado

1 pizca de nuez moscada
    recién rallada

sal y pimienta

ramitas de eneldo fresco,
    para adornar

pasta quebrada

350 g de harina y un poco
    más para espolvorear

1 pizca de sal

175 g de mantequilla

2 cucharadas de agua fría

preparación

1 Precaliente el horno a 190 ºC. Para preparar
el relleno, caliente el aceite en una sartén y
sofría la cebolla 5 minutos o hasta que esté
blanda, pero sin llegar a dorarse. Añada el ajo
y fríalo junto a la cebolla 30 segundos. Vierta
el vino y cuézalo todo 1 o 2 minutos o hasta
que el vino casi se haya evaporado.

2 Bata los huevos en un cuenco con la leche o
la nata. Añada el cangrejo, el queso, el perejil
y el sofrito de cebolla. Sazone con nuez
moscada, sal y pimienta, y mézclelo bien.

3 Para preparar la pasta, ponga la harina y
la sal en un cuenco. Añada la mantequilla en
trocitos y amalgame los ingredientes con los
dedos hasta que adquiera la consistencia del
pan rallado. Vierta un poco de agua para
obtener una pasta firme. También puede
preparar esta pasta en el robot de cocina.

4 Extienda la pasta con el rodillo sobre una
superficie espolvoreada con harina. Con un
cortapastas liso, de 7 cm de diámetro, corte
18 redondeles de pasta. Apile los recortes,
estírelos con el rodillo y corte 6 más. Forre
con ellos 24 moldes de tartaleta de 4 cm de
diámetro. Distribuya el relleno de cangrejo
entre las tartaletas, procurando no llenarlas
demasiado. Hornéelas 25 o 30 minutos, hasta
que la pasta esté dorada y el relleno se haya
cuajado. Sirva las tartaletas calientes o frías,
adornadas con eneldo fresco.

pizzas de miniatura con espinacas y tomate

ingredientes

PARA 32 UNIDADES

2 cucharadas de aceite de
    oliva y un poco más para
    untar y rociar

1 cebolla picada fina

1 diente de ajo picado fino

400 g de tomate triturado
    en conserva

125 g de hojas de espinacas
    pequeñas y tiernas

sal y pimienta

25 g de piñones

masa

100 ml de agua templada

1/2 cucharadita de levadura
    seca de panadero

1 pizca de azúcar

200 g de harina de fuerza
    y un poco más para
    espolvorear

1/2 cucharadita de sal

preparación

1 Para preparar la masa, ponga el agua en un bol, eche la levadura y el azúcar y déjelo en un sitio templado 15 minutos o hasta que la mezcla esté espumosa.

2 Tamice la harina y la sal sobre un cuenco. Haga un hoyo en el centro y vierta la mezcla de levadura. Trabájela con las manos hasta que se separe de las paredes. Pásela a una superficie de trabajo enharinada y amásela 10 minutos o hasta que esté elástica. Forme una bola y póngala en un cuenco limpio. Cúbrala con un paño humedecido y déjela en un sitio templado 1 hora o hasta que doble su volumen.

3 Caliente el aceite en una sartén grande. Fría la cebolla hasta que esté blanda pero sin dorarse. Eche el ajo y fríalo 30 segundos. Incorpore el tomate y sofríalo 5 minutos, removiendo. Añada las espinacas y cuézalas hasta que pierdan su tersura. Salpimiente.

4 Precaliente el horno a 200 ºC. Unte con aceite varias placas de horno. Vuelque la masa sobre una superficie de trabajo enharinada y amásela 2 o 3 minutos. Extiéndala fina con el rodillo y, con un cortapastas liso de 6 cm de diámetro, corte 32 redondeles. Póngalos en las placas engrasadas. Cubra las pizzas con la mezcla de tomate y los piñones. Rocíelas con aceite y hornéelas de 10 a 15 minutos.

tomates cereza rellenos

ingredientes

PARA 8 PERSONAS

24 tomates cereza

relleno de anchoas

50 g de filetes de anchoa en
aceite de oliva, en lata

8 aceitunas verdes rellenas
de pimiento, picadas finas

2 huevos duros grandes,
picados finos

pimienta

relleno de cangrejo

175 g de carne de cangrejo
en conserva, escurrida

4 cucharadas de mayonesa

1 cucharada de perejil picado

sal y pimienta

relleno de aceitunas

12 aceitunas negras,
sin hueso

3 cucharadas de alcaparras

6 cucharadas de alioli (*véase*
página 70)

sal y pimienta

preparación

1 Escoja un relleno o bien un surtido de ellos
calculando la cantidad según el número de
tomates. Corte y deseche una rodajita muy fina
del extremo del pedúnculo de cada tomate
para que tengan una base plana y estable.
Corte una rodaja un poco más gruesa del otro
extremo y deséchela. Con un cuchillito o con
una cucharilla, desprenda, extraiga y deseche
las semillas y gran parte de la pulpa de los
tomates. Ponga los tomates boca abajo sobre
papel de cocina y déjelos escurrir 5 minutos.

2 Para hacer el relleno de anchoas, escúrralas
y reserve el aceite; píquelas muy finas y
póngalas en un bol. Añada las aceitunas y
los huevos duros. Agregue un hilillo del aceite
reservado, sazone con pimienta (no añada
sal) y mézclelo todo bien.

3 Para hacer el relleno de cangrejo, mezcle
bien todos los ingredientes en un bol.

4 Para hacer el relleno de aceitunas, seque
las aceitunas y las alcaparras con papel de
cocina. Después, píquelas finas y póngalas en
un cuenco. Añada el alioli, mezcle bien y
salpimiente al gusto.

5 Ponga el relleno elegido en una manga
pastelera provista de una boquilla lisa de 2 cm
de diámetro y úsela para rellenar los tomates.
Deje los tomates en el frigorífico hasta que
vaya a servirlos.

champiñones salteados al ajillo

ingredientes

PARA 6 PERSONAS

450 g de champiñones
    blancos y cerrados

5 cucharadas de aceite
    de oliva

2 dientes de ajo picados finos

1 chorrito de zumo de limón

sal y pimienta

4 cucharadas de perejil
    picado

pan crujiente,
    para acompañar

preparación

1 Limpie los champiñones con un paño húmedo o cepillándolos y después córteles los pies cerca de los sombreretes. Parta los champiñones de mayor tamaño por la mitad o en cuartos. Caliente el aceite en una sartén grande, de base gruesa, eche el ajo y fríalo de 30 segundos a 1 minuto, o hasta que esté ligeramente dorado. Añada los champiñones y saltéelos a fuego vivo, removiendo casi constantemente, hasta que hayan absorbido todo el aceite de la sartén.

2 Baje el fuego. Cuando los champiñones hayan soltado el agua, saltéelos, otra vez a fuego vivo, de 4 a 5 minutos y removiendo muy a menudo, hasta que ese jugo casi se haya evaporado. Rocíe con un chorrito de zumo de limón y salpimiente. Eche el perejil y deje la sartén en el fuego 1 minuto más.

3 Pase los champiñones salteados a una fuente precalentada y sírvalos calientes o templados. Acompáñelos con pan crujiente.

champiñones a la guindilla

ingredientes

PARA 6-8 PERSONAS

50 g de mantequilla

5 cucharadas de aceite
de oliva

1 kg de champiñones
blancos y cerrados

4 dientes de ajo picados

1 guindilla fresca,
despepitada y picada fina

1 cucharada de zumo
de limón

sal y pimienta

perejil, para adornar

preparación

1 Caliente la mantequilla y el aceite de oliva en
una sartén grande de base gruesa. Cuando la
mantequilla se haya derretido, eche los
champiñones, el ajo y la guindilla y saltéelo a
fuego medio durante 5 minutos, removiendo
de vez en cuando.

2 Rocíe los champiñones con el zumo de
limón y salpiméntelos al gusto.

3 Pase los champiñones a una fuente
precalentada y sírvalos enseguida, adornados
con perejil.

coliflor rebozada

ingredientes

PARA 4-6 PERSONAS

1 coliflor separada en ramitos

1 huevo

150 ml de leche

115 g de harina

aceite vegetal, para freír

sal

salsa de tomate y pimiento
o alioli (*véase* página 70),
para acompañar

salsa de tomate
y pimiento

4 cucharadas de aceite
de oliva

10 dientes de ajo grandes

140 g de cebolleta troceada

4 pimientos rojos,
despepitados y troceados

1 kg de tomates maduros,
troceados

2 tiras finas de piel
de naranja

1 pizca de copos de guindilla
(opcional)

sal y pimienta

preparación

1 Para preparar la salsa, caliente el aceite en una cazuela a fuego medio. Eche el ajo, la cebolleta y los pimientos, y rehóguelo todo 10 minutos, removiendo de vez en cuando, hasta que empiece a estar tierno pero sin dorarse. Incorpore los tomates, la piel de naranja, la guindilla, si la usa, sal y pimienta, y llévelo a ebullición. A continuación, baje el fuego al mínimo y deje que cueza, destapado, durante 45 minutos o hasta obtener una salsa espesa. Triture la salsa en el robot de cocina o en la batidora y después pásela por el chino.

2 Ponga a hervir en una olla agua con sal. Cuando hierva, eche la coliflor, baje el fuego y cuézala a fuego lento 5 minutos. Escúrrala bien, aclárela con agua fría y vuelva a escurrirla.

3 Bata el huevo y la leche en un bol. Vaya añadiendo la harina poco a poco y 1 cucharadita de sal.

4 Mientras tanto, caliente el aceite a 180 o 190 °C o hasta que un trozo de pan se dore en 30 segundos.

5 Sumerja los ramitos de coliflor en la pasta de harina y rebócelos bien, aunque no en exceso. Fríalos 5 minutos o hasta que estén bien dorados. Si es necesario, hágalo en tandas. Escúrralos en papel de cocina y sírvalos enseguida con la salsa aparte.

con verduras y hortalizas

Muchas tapas tienen como base verduras y hortalizas de temporada, cuando han alcanzado su grado óptimo de madurez y despliegan todo su aroma. Aunque esto es lo que le aconsejamos, hay que decir que algunas de las recetas de este capítulo «hacen trampa» y utilizan hortalizas y verduras en conserva, como pimientos y corazones de alcachofa, que son fáciles de encontrar, están también muy ricas y nos ahorran tiempo en la cocina.

Las tapas a base de patata son muy populares, y las que llevan patatas nuevas son una estupenda forma de utilizar este tubérculo cuando es temporada. Combinan de maravilla con alioli, una salsa que ya se ha dado a conocer en todo el mundo. Vale la pena aprender a prepararlo desde el principio, porque es un clásico y aparece en numerosos menús de tapas. Las tapas de patata se pueden servir individualmente como pinchos o como plato para acompañar a otras sabrosas tapas de este capítulo, que abarcan desde multicolores pimientos, berenjenas y tomates –todos ellos asados– hasta judías verdes y habas servidas en ensalada. Otros platos de verduras adquieren más sustancia con un relleno: el arroz es especialmente adecuado para ello. Nunca antes había sido tan apetitoso comer hortalizas. ¡Hasta los más pequeños disfrutarán!

ensalada de pimientos asados

ingredientes

PARA 8 PERSONAS

3 pimientos rojos

3 pimientos amarillos

5 cucharadas de aceite
de oliva virgen extra

2 cucharadas de vinagre
de jerez o zumo de limón

2 dientes de ajo chafados

1 pizca de azúcar

sal y pimienta

1 cucharada de alcaparras

8 aceitunas negras pequeñas

2 cucharadas de mejorana
fresca y unas ramitas para
adornar

preparación

1 Precaliente la parrilla. Ponga los pimientos en una rejilla o en una parrilla y, dándoles la vuelta con frecuencia, áselos 10 minutos o hasta que su piel se ennegrezca.

2 Saque los pimientos asados de la parrilla, póngalos en un cuenco y tápelos enseguida con un paño limpio humedecido. En lugar de ello, puede meter los pimientos en una bolsa de plástico. Descubrirá que el vapor ablanda las pieles y resulta más fácil quitarlas. Deje así los pimientos unos 15 minutos, hasta que estén suficientemente fríos para manipularlos.

3 Sujetando los pimientos de uno en uno sobre un cuenco, haga un agujerito en la base con un cuchillo, recoja el jugo que tenga en su interior y resérvelo. Con un cuchillo o con los dedos, deseche la pielecilla negra. Parta los pimientos por la mitad y quíteles el pedúnculo, el corazón y las semillas; después, córtelos en tiras. Disponga esas tiras de forma decorativa en una fuente.

4 Al jugo de pimiento reservado añádale el aceite de oliva, el vinagre de jerez, el ajo, el azúcar y sal y pimienta. Mezcle bien este aliño y rocíe con él la ensalada.

5 Esparza las alcaparras, las aceitunas y la mejorana picada sobre la ensalada y decórela con ramitas de mejorana. Sírvala a temperatura ambiente.

pimientos rojos
con alcaparras

ingredientes

PARA 6 PERSONAS

1 cucharada de alcaparras

4 cucharadas de aceite
de oliva

1 kg de pimientos rojos,
despepitados y cortados
por la mitad y después
en tiras

4 dientes de ajo picados

2 cucharadas de vinagre
de jerez

sal y pimienta

preparación

1 Si las alcaparras son saladas, quíteles casi toda la sal con los dedos. Si son encurtidas, escúrralas bien y aclárelas con mucha agua.

2 Caliente el aceite en una sartén de base gruesa y fría las tiras de pimiento a fuego medio, removiendo a menudo, 10 minutos o hasta que estén blandas y un poco chamuscadas por los bordes. Añada las alcaparras y el ajo y fríalo todo unos 2 o 3 minutos más.

3 Vierta el vinagre y salpimiente la mezcla a su gusto. Si usa alcaparras saladas, no eche demasiada sal. Fríalo 1 o 2 minutos más y retírelo del fuego. Sirva los pimientos enseguida o, si lo prefiere, déjelos enfriar, tápelos y refrigérelos hasta servirlos.

pimientos asados con miel y almendras

ingredientes

PARA 6 PERSONAS

8 pimientos rojos en cuartos
   y despepitados
4 cucharadas de aceite
   de oliva
2 dientes de ajo en rodajas
   finas
25 g de almendras laminadas
2 cucharadas de miel fluida
2 cucharadas de vinagre
   de jerez
2 cucharadas de perejil
   picado
sal y pimienta

preparación

1 Precaliente el grill al máximo. Ponga los pimientos en una capa en la bandeja del horno, con la piel hacia arriba. Áselos de 8 a 10 minutos o hasta que la piel se chamusque. Ponga los pimientos en una bolsa de plástico. Átela y déjelos enfriar.

2 Cuando los pimientos se hayan enfriado un poco, quíteles la piel con los dedos o con un cuchillo. Trocéelos y póngalos en un bol.

3 Caliente el aceite en una sartén de base gruesa y sofría el ajo a fuego lento, sin dejar de remover, durante 4 minutos o hasta que se dore. Eche las almendras, la miel y el vinagre. Vierta la salsa sobre los pimientos. Añada el perejil y salpimiente a su gusto. Remuévalo todo bien.

4 Deje que los pimientos se enfríen a temperatura ambiente antes de servirlos. También puede guardarlos en el frigorífico, tapados, aunque hay que servirlos a temperatura ambiente.

pimientos del piquillo

ingredientes

PARA 7-8 UNIDADES

200 g de pimientos rojos
    del piquillo, en aceite
sal y pimienta
ramitas de hierbas aromáticas
    frescas, para adornar

relleno de requesón

225 g de requesón
1 cucharadita de zumo
    de limón
1 diente de ajo chafado
4 cucharadas de perejil picado
1 cucharada, de cada, de
    menta y orégano, picados
sal y pimienta

relleno de atún

200 g de atún en aceite
    de oliva, escurrido
5 cucharadas de mayonesa
2 cucharaditas de zumo
    de limón
2 cucharadas de perejil picado
sal y pimienta

relleno de queso

50 g de aceitunas negras
    sin hueso, picadas finas
200 g de queso cremoso
    de cabra
1 diente de ajo picado fino
sal y pimienta

preparación

1 Escoja uno de los rellenos. Saque los pimientos del tarro o de la lata y reserve el aceite.

2 Para preparar el relleno de requesón y hierbas aromáticas, ponga el requesón en un cuenco y añada el zumo de limón, el ajo, el perejil, la menta y el orégano. Mézclelo bien y salpiméntelo.

3 Para hacer el relleno de atún y mayonesa, ponga el atún en un cuenco y añada la mayonesa, el zumo de limón y el perejil. Añada 1 cucharada del aceite reservado de los pimientos en conserva. Mézclelo todo bien y salpiméntelo.

4 Para hacer el relleno de queso de cabra y aceitunas, ponga éstas en un cuenco y añada el queso de cabra, el ajo y 1 cucharada del aceite reservado de los pimientos en conserva. Mézclelo todo bien y salpiméntelo.

5 Con una cucharilla, introduzca un poco del relleno elegido en cada pimiento. Enfríelos en el frigorífico durante 2 horas como mínimo, hasta que estén firmes.

6 Para servir los pimientos, dispóngalos en una fuente y adórnelos con ramitas de hierbas aromáticas.

pimientos rellenos

ingredientes

PARA 6 UNIDADES

6 cucharadas de aceite de
 oliva y un poco más para
 untar los pimientos

2 cebollas picadas

2 dientes de ajo majados

150 g de arroz

50 g de pasas

50 g de piñones

1 manojo de perejil picado

1 cucharada de concentrado
 de tomate diluido en
 750 ml de agua caliente

sal y pimienta

6 pimientos rojos, verdes
 o amarillos (o variados)

preparación

1 Precaliente el horno a 200 °C. Caliente el
aceite en una cazuela de base gruesa. Fría
la cebolla durante 3 minutos. Incorpore el ajo
y fríalo todo 2 minutos más o hasta que la
cebolla esté blanda, sin que llegue a dorarse.

2 Eche el arroz, las pasas y los piñones
y remueva hasta que estén totalmente
impregnados de aceite. Añada la mitad del
perejil y salpimiente. Vierta el concentrado de
tomate diluido y llévelo a ebullición. Cuando
hierva, baje el fuego y cuézalo, sin tapar,
durante 20 minutos o hasta que el arroz
esté hecho, se haya absorbido el líquido y
aparezcan pequeños agujeros en la superficie.
Agite la cazuela a menudo durante el proceso
y vaya vigilándola porque las pasas podrían
pegarse y quemarse. Finalmente, añada el
resto del perejil y déjelo enfriar un poco.

3 Mientras el arroz se cuece, corte la parte
superior de todos los pimientos y resérvelas.
Quíteles el corazón y las semillas.

4 Reparta el relleno entre los pimientos.
Con unos palillos, sujete la parte superior de
cada uno a guisa de tapa. Unte ligeramente
los pimientos con aceite de oliva y colóquelos
en una sola capa en una fuente para el horno.
Áselos al horno durante 30 minutos o hasta
que estén tiernos. Sírvalos calientes o déjelos
enfriar a temperatura ambiente.

patatas con alioli

ingredientes

PARA 6-8 PERSONAS

450 g de patatas nuevas bien
    pequeñas
1 cucharada de perejil picado
sal

alioli

1 yema de huevo grande,
    a temperatura ambiente
1 cucharada de vinagre de
    vino blanco o zumo
    de limón
2 dientes de ajo pelados
sal y pimienta
5 cucharadas de aceite
    de oliva virgen extra
5 cucharadas de aceite
    de girasol

preparación

1 Para hacer el alioli, ponga la yema de huevo, el vinagre o el zumo de limón, el ajo, y sal y pimienta al gusto en el recipiente de un robot de cocina provisto de cuchilla de metal. Póngalo en funcionamiento y mézclelo todo. Con el motor en marcha, añada lentamente el aceite de oliva y luego el de girasol, gota a gota al principio y después, cuando empiece a espesar, en un chorrito lento y continuo hasta obtener una salsa espesa y fina.

2 Para esta receta, el alioli ha de ser un poco más líquido para que cubra bien las patatas. Para conseguirlo, añada a la salsa 1 cucharada de agua.

3 Ponga las patatas en una cazuela con agua fría con sal y llévela a ebullición. Baje el fuego y cuézalas 7 minutos o hasta que estén tiernas. Escúrralas y póngalas en un cuenco.

4 Mientras las patatas estén aún templadas, vierta sobre ellas el alioli cubriéndolas bien. Añadir la salsa a las patatas mientras aún están templadas hace que absorban el aroma del ajo. Antes de servirlas, déjelas cubiertas por la salsa unos 20 minutos.

5 Pase las patatas a una fuente, espolvoréelas con perejil y sal y sírvalas calientes. Puede prepararlas con anticipación y guardarlas en el frigorífico, pero antes de servirlas déjelas un rato a temperatura ambiente.

patatas fritas
al pimentón picante

ingredientes

PARA 6 PERSONAS

3 cucharaditas de pimentón

1 cucharadita de comino
    molido

1/4-1/2 cucharadita de cayena
    molida

1/2 cucharadita de sal

450 g de patatas viejas,
    peladas

abundante aceite de girasol,
    para freír

ramitas de perejil,
    para adornar

alioli (*véase* página 70) para
    acompañar (opcional)

preparación

1 Mezcle bien en un bol pequeño el pimentón, el comino, la cayena y la sal. Reserve la preparación.

2 Corte cada patata en 8 gajos gruesos. Vierta abundante aceite de girasol en una sartén grande de base gruesa (la capa de aceite ha de tener una altura de 2,5 cm). Caliente el aceite y fría a fuego lento las patatas, en una sola capa, durante 10 minutos o hasta que estén bien doradas por todas partes, dándoles la vuelta de vez en cuando. Sáquelas de la sartén con una rasera y déjelas escurrir sobre papel de cocina.

3 Pase las patatas a un cuenco y, mientras aún estén calientes, espolvoréelas con la mezcla de sal y especias, removiéndolas con suavidad para que queden sazonadas por igual.

4 Ponga las patatas así condimentadas en una fuente grande o en varias pequeñas, o en platitos individuales, adornadas con ramitas de perejil. Acompáñelas, si quiere, con un bol de alioli, en el que se pueden mojar.

patatas a la campesina

ingredientes

PARA 4 PERSONAS

2 cucharadas de aceite
  de oliva

500 g de patatas nuevas
  pequeñas, partidas por
  la mitad

1 cebolla en rodajas

1 pimiento verde, sin semillas
  y en tiras

1 cucharadita de guindilla
  molida

1 cucharadita de mostaza

300 ml de tomate triturado
  de lata

300 ml de caldo vegetal

sal y pimienta

perejil picado, para adornar

preparación

1 Caliente el aceite en una sartén grande de base gruesa. Eche las patatas y la cebolla y sofríalas, removiendo a menudo, durante 4 o 5 minutos o hasta que la cebolla esté blanda y transparente.

2 Añada el pimiento, la guindilla molida y la mostaza y fríalo 2 o 3 minutos más.

3 Vierta el tomate y el caldo vegetal en la sartén y llévelo a ebullición. Baje el fuego y déjelo cocer durante 25 minutos, o hasta que las patatas estén tiernas. Salpimiente al gusto.

4 Pase las patatas a una fuente caliente. Espolvoréelas con el perejil picado y sírvalas enseguida. Si lo prefiere, deje que las patatas se enfríen y sírvalas a temperatura ambiente.

patatas bravas

ingredientes

PARA 6 PERSONAS

1 kg de patatas con piel

aceite de oliva

sal

alioli (*véase* página 70)

aceite picante

150 ml de aceite de oliva

2 guindillas rojas frescas,
    cortadas por la mitad
    a lo largo

1 cucharadita de pimentón
    picante

preparación

1 Para preparar el aceite picante, caliente el aceite de oliva con las guindillas a fuego fuerte hasta que empiecen a chisporrotear. Retire la sartén del fuego y añada el pimentón. Mézclelo bien. Deje enfriar el aceite picante y luego póngalo en una salsera, sin colarlo.

2 Frote las patatas bajo el chorro de agua fría para que queden bien limpias pero con su piel y córtelas en trozos irregulares. Caliente abundante aceite de oliva en una sartén de base gruesa y fría las patatas por tandas hasta que estén doradas y tiernas.

3 Para servirlas, reparta la patatas entre 6 platos, sálelas y ponga 1 cucharada de alioli en cada uno. Rocíelas con aceite picante y sírvalas calientes o a temperatura ambiente.

ensalada tibia de patatas

ingredientes

PARA 4-6 PERSONAS

175 ml de aceite de oliva

450 g de patatas harinosas,
en rodajas finas

50 ml de vinagre de vino
blanco

2 dientes de ajo picados

sal y pimienta

preparación

1 Caliente 50 ml del aceite en una sartén de base gruesa. Eche las patatas y sazónelas con sal. Fríalas a fuego lento, agitando la sartén de vez en cuando, durante 10 minutos. Deles la vuelta y fríalas 5 minutos más o hasta que estén tiernas, pero sin que lleguen a dorarse.

2 Mientras se fríen las patatas, vierta el vinagre en un cazo pequeño. Añada el ajo y sazónelo con pimienta. Llévelo a ebullición y después mézclelo con el aceite de oliva restante.

3 Coloque las patatas en un cuenco junto con el aliño y remueva con suavidad. Déjelo reposar durante 15 minutos. Sirva las patatas calientes, en platos individuales.

ensalada de habitas
con queso y gambas

ingredientes

PARA 6 PERSONAS

500 g de habas tiernas (sin
   las vainas) o congeladas

2 ramitas de tomillo fresco

225 g de gambas peladas
   cocidas

225 g de queso majorero o
   queso gruyer, en dados

6 cucharadas de aceite
   de oliva

2 cucharadas de zumo
   de limón

1 diente de ajo picado

sal y pimienta

preparación

1 En una olla, ponga a hervir agua ligeramente
salada. Cuando hierva, eche las habas y
1 ramita de tomillo y cuézalas a fuego lento,
tapadas, unos 7 minutos. Escúrralas bien,
aclárelas con agua fría y vuelva a escurrirlas.

2 A menos que las habas sean muy
pequeñas, pélelas. Póngalas en un cuenco
y mézclelas con las gambas y el queso.

3 Pique la ramita restante de tomillo. Bata el
aceite de oliva, el zumo de limón, el ajo y el
tomillo picado en un bol y salpimiéntelo.

4 Vierta el aliño sobre la ensalada de habas.
Remuévala con suavidad y sírvala.

judías verdes con piñones

ingredientes

PARA 8 PERSONAS

2 cucharadas de aceite
de oliva

50 g de piñones

$^1/_2$-1 cucharadita
de pimentón

450 g de judías verdes

1 cebolla pequeña picada
fina

1 diente de ajo picado fino

sal y pimienta

el zumo de $^1/_2$ limón

preparación

1 Caliente el aceite en una sartén grande y fría los piñones durante 1 minuto, removiendo sin cesar y sacudiendo la sartén hasta que estén ligeramente dorados. Saque los piñones con una rasera, deje que se escurran sobre papel de cocina y páselos a un bol. Reserve para más adelante el aceite que haya quedado en la sartén. Añada, a su gusto, pimentón a los piñones; la idea es que queden espolvoreados de rojo. Resérvelos.

2 Despunte las judías verdes y retire los hilos, si es preciso. Póngalas en una cazuela, vierta sobre ellas agua hirviendo, llévelas a ebullición y cuézalas unos 5 minutos, hasta que estén tiernas pero firmes. Déjelas escurrir en un colador.

3 Recaliente el aceite de la sartén y sofría la cebolla 5 o 10 minutos o hasta que esté blanda y empiece a dorarse. Añada el ajo y fríalo todo 30 segundos más.

4 Eche las judías en la sartén y rehóguelas 2 o 3 minutos, mezclándolas con la cebolla y el ajo. Han de calentarse por completo. Salpimiéntelas al gusto.

5 Pase el contenido de la sartén a una fuente de servicio, rocíelo con zumo de limón y remueva. Esparza por encima los piñones dorados y sirva las judías calientes.

ensalada de habas, judías y tirabeques

ingredientes

PARA 4-6 PERSONAS

175 g de habas tiernas
    o congeladas

115 g de judías verdes tiernas
    o congeladas

115 g de tirabeques

1 chalote picado

6 ramitas de menta fresca

4 cucharadas de aceite
    de oliva

1 cucharada de vinagre
    de jerez

1 diente de ajo picado

sal y pimienta

preparación

1 En una olla, lleve agua ligeramente salada a ebullición. Cuando hierva, eche las habas, baje el fuego, tápelas y cuézalas 7 minutos. Retire las habas con una espumadera, aclárelas con agua fría, escúrralas y quíteles la piel, salvo que sean muy tiernas.

2 Mientras tanto, vuelva a poner el agua a hervir. Eche las judías verdes y los tirabeques y espere a que vuelva a arrancar el hervor. Escúrralos, páselos por agua fría y vuelva a escurrirlos.

3 Mezcle las habas, las judías, los tirabeques y el chalote en un cuenco. Separe las hojas de menta, añada la mitad a la ensalada y pique fina la otra la mitad.

4 Bata el aceite, el vinagre, el ajo y la menta picada en un bol y sazónelo. Vierta el aliño sobre la ensalada y remueva bien para que todo quede impregnado. Tape el cuenco con film transparente y déjelo en el frigorífico hasta que vaya a servirlo.

ensalada de judías blancas

ingredientes

PARA 4-6 PERSONAS

400 g de judías blancas
    cocidas, en conserva

3 ramas de apio, en rodajas
    finas

1 pepinillo picado fino

150 ml de aceite de oliva

4 cucharadas de vinagre
    de vino blanco

1 diente de ajo picado

2 cucharaditas de mostaza
    de Dijon

1 cucharada de perejil picado

1 pizca de azúcar

sal y pimienta

cebollino troceado,
    para adornar

preparación

1 Escurra las judías, aclárelas bien con agua
fría y vuelva a escurrirlas. Ponga las judías,
el apio y el pepinillo en un cuenco.

2 Bata el aceite, el vinagre, el ajo, la mostaza,
el perejil y el azúcar en un bol y salpimiente
al gusto.

3 Vierta la vinagreta sobre la ensalada y
remueva. Pásela a una fuente y esparza por
encima el cebollino. Sírvala a temperatura
ambiente o tápela y refrigérela antes de
servirla.

tomates al ajillo

ingredientes

PARA 6 PERSONAS

8 tomates pera maduros

3 ramitas de tomillo fresco y
   un poco más para adornar

12 dientes de ajo sin pelar

75 ml de aceite de oliva

sal y pimienta

preparación

1 Precaliente el horno a 220 °C. Parta los tomates por la mitad a lo largo y póngalos con la parte cortada hacia arriba en una fuente para el horno. Reparta las ramitas de tomillo y los dientes de ajo entre los tomates.

2 Rocíe bien los tomates con aceite de oliva y sazónelos a su gusto con pimienta. Áselos al horno de 40 a 45 minutos o hasta que estén tiernos y se empiecen a chamuscar por los bordes.

3 Deseche las ramitas de tomillo. Salpimiente los tomates a su gusto. Decórelos con las ramitas de tomillo que había reservado y sírvalos calientes o templados. Una vez en la mesa, vacíe la pulpa de los ajos sobre los tomates.

nidos de tomate al horno

ingredientes

PARA 4 PERSONAS

4 tomates grandes maduros

sal y pimienta

4 huevos grandes

4 cucharadas de nata espesa

4 cucharadas de queso de
   Mahón, manchego o
   parmesano, rallado

preparación

1 Precaliente el horno a 180 °C. Corte una rodaja de la parte superior de los tomates y, con una cucharilla, quíteles la pulpa y las semillas sin agujerear los cascarones. Coloque los tomates boca abajo sobre papel de cocina y deje que se escurran bien durante unos 15 minutos. Salpimiente el interior de los tomates.

2 Coloque los tomates en una fuente para el horno en la que quepan los cuatro. Casque con cuidado un huevo dentro de cada tomate. Ponga después 1 cucharada de nata y otra de queso rallado.

3 Ase los tomates en el horno de 15 a 20 minutos, o hasta que los huevos estén hechos. Sírvalos calientes.

tomates rellenos de arroz

ingredientes

PARA 4-8 PERSONAS

140 g de arroz de grano largo

140 g de aceitunas negras
sin hueso, troceadas

3 cucharadas de aceite
de oliva

4 tomates grandes partidos
por la mitad

4 cucharadas de perejil
picado

sal y pimienta

preparación

1 En una olla, ponga a hervir agua ligeramente salada. Cuando hierva, eche el arroz. Cuando vuelva a hervir, remuévalo una sola vez. Baje el fuego y cuézalo de 10 a 15 minutos o hasta que esté tierno. Escúrralo bien, aclárelo con agua fría y vuelva a escurrirlo. Ponga papel de cocina en una fuente, extienda el arroz por encima y deje que se seque durante 1 hora.

2 Mezcle en un bol el arroz con las aceitunas y el aceite de oliva y sazónelo bien con pimienta. Seguramente no será necesario que añada más sal. Tape el bol con film transparente y déjelo reposar a temperatura ambiente toda la noche o durante 8 horas.

3 Alinee ligeramente las 4 mitades superiores de los tomates y, con una cucharilla, retire las semillas de las 8 mitades. Saque la pulpa, trocéela y añádala a la mezcla de arroz y aceitunas. Tenga cuidado de no agujerear los cascarones. Sale los tomates por dentro y déjelos boca abajo sobre papel de cocina durante 1 hora para que se escurran bien.

4 Seque el interior de los tomates con papel de cocina. Rellénelos con la mezcla de arroz y aceitunas. Finalmente, espolvoréelos con el perejil y sírvalos.

corazones de alcachofa con espárragos

ingredientes

PARA 4-6 PERSONAS

450 g de espárragos trigueros

400 g de corazones de
    alcachofa en conserva,
    enjuagados y escurridos

2 cucharadas de zumo
    de naranja

1/2 cucharadita de ralladura
    de naranja

2 cucharadas de aceite
    de nuez

1 cucharadita de mostaza
    de Dijon

sal y pimienta

ensalada verde, para servir

preparación

1 Corte la parte dura de los espárragos procurando que todos queden de la misma longitud y átelos suavemente con hilo de cocina. Si tiene un cocedor de espárragos, no los ate, simplemente colóquelos en la cesta.

2 En un cazo alto, ponga a hervir agua con sal. Cuando hierva, ponga los espárragos. Asegúrese de que las puntas sobresalgan del agua. Baje el fuego y cuézalos de 10 a 15 minutos o hasta que estén tiernos. Compruebe que estén hechos pinchando la punta con un cuchillo afilado. Escúrralos, aclárelos con agua fría y vuelva a escurrirlos.

3 Corte los espárragos en trozos de unos 2,5 cm, dejando las puntas intactas. Corte los corazones de alcachofa en trocitos y mézclelos con los espárragos en una fuente.

4 Bata el zumo de naranja, la ralladura, el aceite de nuez y la mostaza en un bol y salpimiente. Si va a servirlos enseguida, aliñe los espárragos y los corazones de alcachofa y mézclelo todo con suavidad.

5 Ponga la ensalada verde en cuencos y disponga la mezcla de espárragos por encima. Sirva el plato enseguida. También puede guardar la ensalada tapada en el frigorífico y aliñarla justo antes de servirla.

alcachofas con guisantes

ingredientes

PARA 4-6 PERSONAS

4 cucharadas de aceite
de oliva virgen extra

2 cebollas en rodajas finas

1 diente de ajo grande,
majado

280 g de corazones de
alcachofas en aceite,
escurridos y partidos
por la mitad

200 g de guisantes frescos
o congelados

2 pimientos rojos, asados,
despepitados y en tiras

2 lonchas finas de jamón
serrano, troceado
(opcional)

6 cucharadas de perejil
picado

el zumo de $1/2$ limón

sal y pimienta

preparación

1 Caliente el aceite a fuego medio en una sartén. Eche la cebolla y sofríala, removiendo, durante 3 minutos. Añada después el ajo y sofríalo todo unos 2 minutos más, o hasta que la cebolla esté tierna pero no dorada.

2 Agregue los corazones de las alcachofas y los guisantes, si los utiliza frescos. Cúbralo con agua. Llévelo a ebullición y baje después el fuego. Deje que hierva a fuego lento y sin tapar durante unos 5 minutos, o hasta que los guisantes estén cocidos y el agua se haya evaporado por completo.

3 Añada las tiras de pimiento, el jamón y los guisantes, si los utiliza congelados. Deje que siga cociendo hasta que todo esté caliente. Incorpore luego el perejil y el zumo de limón a su gusto, y remuévalo. Salpimiéntelo y sírvalo enseguida, o déjelo enfriar a temperatura ambiente.

champiñones rellenos

ingredientes

PARA 6 PERSONAS

150 g de mantequilla

4 dientes de ajo picados

6 champiñones grandes
    y abiertos, sin el pie

50 g de pan blanco rallado

1 cucharada de tomillo fresco
    picado

1 huevo ligeramente batido

sal y pimienta

preparación

1 Precaliente el horno a 180 °C. Bata la
mantequilla en un bol para que se ablande
un poco y mézclala con el ajo. Reparta dos
terceras partes de la mantequilla con ajo entre
los champiñones y colóquelos boca arriba en
la bandeja del horno.

2 Derrita el resto de la mantequilla en una
sartén de base gruesa, eche el pan rallado
y sofríalo a fuego lento, sin dejar de remover,
hasta que se dore. Retírelo del fuego y
póngalo en un bol. Incorpore el tomillo y
salpimiente la mezcla al gusto. Vierta el huevo
batido y mézclelo todo hasta que quede
ligado.

3 Reparta el relleno entre los champiñones
y áselos al horno durante 15 minutos o hasta
que el pan esté dorado y los champiñones
tiernos. Sírvalos calientes o templados.

berenjenas maceradas

ingredientes

PARA 4 PERSONAS

2 berenjenas partidas
   por la mitad a lo largo

4 cucharadas de aceite
   de oliva

2 dientes de ajo picados

2 cucharadas de perejil
   picado

1 cucharada de tomillo fresco
   picado

2 cucharadas de zumo
   de limón

sal y pimienta

preparación

1 Haga 2 o 3 cortes en la pulpa de las berenjenas y colóquelas boca abajo en una fuente para el horno. Salpimiéntelas, vierta el aceite de oliva por encima y espolvoréelas con el ajo, el perejil y el tomillo. Tápelas y déjelas macerar a temperatura ambiente durante 2 o 3 horas.

2 Precaliente el horno a 180 °C. Retire la tapadera de la fuente y ase las berenjenas al horno durante 45 minutos. Transcurrido ese tiempo, saque la fuente del horno y deles la vuelta a las berenjenas. Mójelas en el jugo de la cocción y rocíelas con el zumo de limón. Vuelva a meterlas en el horno y áselas 15 minutos más.

3 Sirva las berenjenas calientes o templadas en platos individuales, bañadas con el jugo de la cocción.

puerros a la parrilla

ingredientes

PARA 4 PERSONAS

8 puerros finos

2 cucharadas de aceite de
oliva y un poco más para
untar

2 cucharadas de vinagre
de vino blanco

2 cucharadas de cebollino
picado

2 cucharadas de perejil
picado

1 cucharadita de mostaza
de Dijon

sal y pimienta

perejil, para adornar

preparación

1 Limpie los puerros y pártalos por la mitad a lo largo. Aclárelos bien y séquelos con papel de cocina.

2 Caliente una parrilla y úntela con aceite de oliva. Ase los puerros a fuego medio-fuerte, dándoles la vuelta de vez en cuando, durante 5 minutos. Póngalos en una fuente.

3 Mientras tanto, bata el aceite, el vinagre, el cebollino, el perejil y la mostaza en un bol y salpimiéntelo. Vierta la salsa por encima de los puerros y remueva para que queden bien impregnados. Tápelos con film transparente y déjelos macerar a temperatura ambiente 30 minutos. Deles la vuelta de vez en cuando.

4 Reparta los puerros en varios platos, adórnelos con perejil y sírvalos enseguida.

ensalada de naranja e hinojo

ingredientes

PARA 4 PERSONAS

4 naranjas grandes y jugosas

1 bulbo grande de hinojo
    en rodajas finas

1 cebolla blanca en rodajas
    finas

2 cucharadas de aceite
    de oliva virgen extra

12 aceitunas negras sin
    hueso, en rodajas

1 guindilla roja fresca, sin
    semillas y en rodajas finas
    (opcional)

perejil picado

rebanadas de pan de barra,
    para acompañar

preparación

1 Ralle un poco de piel de naranja en un bol y resérvela. Con un cuchillo afilado, pele las naranjas, retirando bien la membrana blanca. Hágalo sobre un cuenco para aprovechar el zumo que caiga. Corte las naranjas en rodajas finas.

2 Mezcle la naranja con el hinojo y la cebolla. Bata el aceite con el zumo de naranja y échelo por encima. Esparza las rodajas de aceituna, añada la guindilla si lo desea y espolvoree la ensalada con la ralladura de naranja y el perejil. Sírvala acompañada de rebanadas de pan.

ensalada de tomate y aceitunas

ingredientes

PARA 6 PERSONAS

2 cucharadas de vinagre
de vino tinto o de jerez

5 cucharadas de aceite
de oliva

1 diente de ajo picado

1 cucharadita de pimentón
dulce

4 tomates pelados y en dados

12 aceitunas rellenas de
anchoa o de pimiento

$^1/_2$ pepino pelado y en dados

2 chalotes picados

1 cucharada de alcaparras
encurtidas, escurridas

2-3 endibias con las hojas
separadas

sal

preparación

1 Para preparar el aliño, bata en un bol el vinagre, el aceite de oliva, el ajo y el pimentón. Salpimiente.

2 Ponga el tomate, las aceitunas, el pepino, los chalotes y las alcaparras en un cuenco. Vierta el aliño por encima y mézclelo suavemente.

3 Prepare 6 boles individuales con hojas de endibia. Con una cuchara, reparta la ensalada entre los boles y sírvalos.

ensalada de cebolla

ingredientes

PARA 4-6 PERSONAS

4 cebollas peladas

2 cucharadas de perejil
    picado

120 g de aceitunas negras
    sin hueso

1 cucharada de vinagre
    de jerez

2 cucharadas de vinagre
    de vino tinto

125 ml de aceite de oliva

1 cucharada de agua

sal y pimienta

preparación

1 Ponga al fuego una olla con agua con sal
y llévela a ebullición. Cuando hierva, eche
las cebollas y cuézalas durante 20 minutos
o hasta que estén tiernas. Escúrralas y déjelas
reposar hasta que se enfríen un poco.

2 Corte las cebollas en rodajas gruesas y
colóquelas en una ensaladera. Esparza el
perejil y las aceitunas y sazone con pimienta.

3 Mezcle los vinagres, el aceite y el agua en
un bol y bátalo todo bien para preparar una
vinagreta.

4 Vierta el aliño sobre las cebollas y sírvalas
a temperatura ambiente.

para amantes
de la carne

La carne ocupa en el repertorio culinario de las tapas un lugar muy importante. Este capítulo incluye recetas con carne de cerdo, cordero, ternera y pollo. De éstos quizá los más consumidos sean el pollo, el cerdo y los derivados de éste, como los embutidos, entre ellos el jamón y el chorizo –crudo o asado–, dos protagonistas indispensables de las tapas.

Si es posible, sirva las tapas de carne en cazuelitas de barro, como las que se pueden ver en cualquier barra de bar. En estos recipientes los alimentos no sólo tienen un aspecto más apetitoso, sino que conservan durante más tiempo su temperatura, así que la tapa mantendrá la temperatura adecuada mientras usted y sus invitados se relajan con una copa de alguna bebida en la mano.

Algunas de estas tapas de carne constituyen un estupendo almuerzo o cena ligero: sírvalas acompañadas de ensalada fresca y un buen pan recién horneado para mojar en las salsas. Pruebe a servir de esta forma las Albóndigas con salsa de tomate o el Chorizo frito a las hierbas y tendrá una muestra de una comida completa y deliciosa así como un poco de historia de España, ya que las albóndigas forman parte de la cocina española desde el siglo XIII.

chorizo frito a las hierbas

ingredientes

PARA 6-8 PERSONAS

700 g de chorizo para freír

2 cucharadas de aceite
   de oliva

2 dientes de ajo picados

4 cucharadas de hierbas
   frescas variadas

preparación

1 Con un cuchillo afilado, corte el chorizo en rodajas de unos 5 mm de grosor. Caliente una sartén de base gruesa y ase el chorizo, sin añadir aceite o grasa, a fuego medio y removiendo a menudo, 5 minutos o hasta que esté dorado.

2 Retire el chorizo con una espátula o una rasera y escúrralo sobre papel de cocina. Limpie la grasa de la sartén con papel de cocina.

3 Caliente el aceite de oliva en la sartén a fuego medio o lento. Eche el chorizo, el ajo y las hierbas y sofríalo todo junto, removiéndolo de vez en cuando, hasta que esté caliente. Sirva el plato enseguida.

ensalada de melón, chorizo y alcachofas

ingredientes

PARA 8 PERSONAS

12 alcachofas pequeñas

2 cucharadas de aceite
de oliva

1 melón pequeño de pulpa
naranja, como los
cantaloup

200 g de chorizo sin la piel

unas ramitas de estragón
fresco o perejil,
para adornar

aliño

3 cucharadas de aceite
de oliva virgen extra

1 cucharada de vinagre
de vino tinto

1 cucharadita de mostaza

1 cucharada de estragón
fresco picado

sal y pimienta

preparación

1 Para preparar las alcachofas, corte los tallos. Arranque con las manos las hojas exteriores, más duras, hasta que queden a la vista las tiernas. Recorte las puntas de las hojas y la base del troncho. A medida que las vaya preparando, rocíelas con zumo de limón para evitar que se ennegrezcan. También puede llenar un cuenco con agua fría, añadirle zumo de limón e ir echando las alcachofas para que no se oxiden. Extraiga la pelusilla interior con una cucharilla. Ahora bien, si utiliza alcachofas muy tiernas, no tiene que preocuparse de quitar la pelusa y además puede incluir los tallos, bien pelados, porque son bastante tiernos. Corte las alcachofas en cuartos y rocíelas de nuevo con zumo de limón.

2 Caliente el aceite en una sartén y fría las alcachofas 5 minutos o hasta que estén doradas. Sáquelas de la sartén, póngalas en una ensaladera y deje que se enfríen. Para preparar el melón, pártalo por la mitad, despepítelo y córtelo en dados del tamaño de un bocado. Añádalos a las alcachofas. Trocee el chorizo y mézclelo también.

3 Prepare el aliño batiendo todos los ingredientes en un bol. Justo cuando vaya a servir la ensalada, alíñela y adórnela con ramitas de estragón o perejil.

garbanzos con chorizo

ingredientes

PARA 4-6 PERSONAS

250 g de chorizo, en un trozo
   y sin la piel

4 cucharadas de aceite
   de oliva

1 cebolla picada

1 diente grande de ajo,
   majado

400 g de garbanzos en
   conserva, escurridos
   y aclarados

6 pimientos del piquillo
   escurridos, secados
   y en trocitos

1 cucharada de vinagre
   de jerez

sal y pimienta

perejil picado, para adornar

rebanadas de pan crujiente,
   para acompañar

preparación

1 Corte el chorizo en dados pequeños. Caliente el aceite en una sartén de base gruesa, a fuego medio, y fría la cebolla y el ajo, removiendo de vez en cuando, hasta que la cebolla se ablande pero sin llegar a dorarse. Incorpore el chorizo y caliéntelo bien.

2 Páselo todo a un cuenco y añada los garbanzos y los pimientos. Rocíe la preparación con el vinagre de jerez y salpimiéntela al gusto. Sirva el plato caliente o a temperatura ambiente, espolvoreado con abundante perejil y acompañado de pan crujiente.

empanadillas de chorizo

ingredientes

PARA 12 UNIDADES

125 g de chorizo tierno,
   sin la piel
harina, para espolvorear
250 g de pasta de hojaldre
   preparada, descongelada
   si era congelada
huevo batido, para pintar
pimentón, para adornar

preparación

1 Precaliente el horno a 200 ºC. Corte el chorizo en daditos.

2 Sobre una superficie espolvoreada con harina, extienda fina la pasta de hojaldre con el rodillo. Con un cortapastas de 8 cm de diámetro, córtela en redondeles. Apile los recortes de pasta, estírelos con el rodillo y corte más redondeles para obtener 12 en total. Con una cucharilla, ponga unos daditos de chorizo en el centro de cada redondel.

3 Humedezca los bordes de la pasta con un poco de agua y doble cada redondel por la mitad, de modo que el chorizo quede completamente cubierto. Una los bordes con los dedos. Presione los bordes con las púas de un tenedor para darles un acabado decorativo y sellarlos bien. Con la punta de un cuchillo afilado, haga una incisión lateral en cada empanadilla. En esta fase, puede guardar las empanadillas en el frigorífico hasta el momento de hornearlas.

4 Ponga las empanadillas en bandejas de horno humedecidas y píntelas con un poco de huevo batido para que queden brillantes. Hornéelas de 10 a 15 minutos o hasta que hayan subido y tengan un bonito color dorado. Utilizando un colador, decore las empanadillas espolvoreándolas ligeramente con pimentón. Sirva las empanadillas de chorizo calientes o templadas.

pinchos de chorizo y champiñones

ingredientes

PARA 25 UNIDADES

2 cucharadas de aceite
de oliva

25 tacos de chorizo, de 1 cm
de lado aproximadamente
(unos 100 g)

25 champiñones limpios
y sin el pie

1 pimiento verde asado,
pelado y cortado en
25 cuadrados

preparación

1 Caliente el aceite en una sartén a fuego
medio y sofría el chorizo, removiéndolo,
durante 20 segundos.

2 Añada los champiñones y siga sofriendo 1 o
2 minutos más, hasta que empiecen a dorarse
y a absorber la grasa de la sartén.

3 Ensarte en cada palillo un cuadrado de
pimiento, un taco de chorizo y un champiñón.
Sirva los pinchos calientes o a temperatura
ambiente.

chorizo al vino tinto

ingredientes

PARA 6 PERSONAS

200 g de chorizo en un trozo

200 ml de vino tinto

2 cucharadas de brandy
(opcional)

ramitas de perejil,
para adornar

pan crujiente,
para acompañar

preparación

1 Esta tapa sabe mucho mejor si se prepara la víspera del día en que se va a comer. Con un tenedor, pinche el chorizo por 3 o 4 sitios, póngalo en una cazuela y vierta el vino. Llévelo a ebullición, baje el fuego, tape el recipiente y cuézalo de 15 a 20 minutos. Pase el chorizo con el vino a un bol, tápelo y déjelo en adobo durante un mínimo de 8 horas, o mejor toda la noche.

2 Al día siguiente, saque el chorizo del bol y reserve el vino. Quite la piel al chorizo y córtelo en rodajas de unos 5 mm de grosor. Ponga las rodajas en una sartén grande de base gruesa o en una cazuela de barro.

3 Si desea usar brandy, viértalo en un cazo pequeño y caliéntelo un poco. Échelo sobre el chorizo, retírese con prudencia y flambéelo. Cuando las llamas se apaguen, sacuda la sartén, vierta el vino reservado y cuézalo a fuego fuerte hasta que el vino se haya evaporado casi del todo.

4 Sirva el chorizo al vino tinto muy caliente, en el mismo recipiente de cocción y adornado con perejil. Sírvala con palillos para ir picando y acompañado de rebanadas de pan.

habas con jamón

ingredientes

PARA 6-8 PERSONAS

60 g de jamón curado,
    panceta o beicon
    entreverados y sin corteza
120 g de chorizo sin la piel
4 cucharadas de aceite
1 cebolla picada fina
2 dientes de ajo picados finos
1 chorrito de vino blanco seco
450 g de habas
    descongeladas o unos
    1,3 kg de habas tiernas
    con sus vainas para
    obtener unos 450 g
    desgranadas
1 cucharada de menta fresca
    picada o eneldo y un poco
    más para adornar
1 pizca de azúcar
sal y pimienta

preparación

1 Con un cuchillo afilado, corte el jamón, la panceta o el beicon en tiritas. Corte el chorizo en dados de 2 cm. Caliente el aceite de oliva en una sartén grande de base gruesa o en una cazuela resistente al fuego y provista de tapadera. Eche la cebolla y fríala 5 minutos o hasta que esté tierna y empiece a dorarse. Si utiliza panceta o beicon, échelo en la sartén con la cebolla. Añada el ajo y fríalo todo 30 segundos más.

2 Vierta el vino en la sartén, suba el fuego para que se evapore el alcohol y bájelo de nuevo. Añada las habas, el jamón (si lo usa) y el chorizo. Fríalo todo 1 o 2 minutos, removiendo para que los ingredientes queden impregnados de aceite.

3 Tape la sartén y, removiendo de vez en cuando, deje que las habas se rehoguen lentamente de 10 a 15 minutos o hasta que estén tiernas. Puede ser necesario incorporar un poco de agua durante la cocción; por lo tanto, hay que prestar atención y no dudar en añadirla si las habas se secan demasiado. Agregue la menta o el eneldo y el azúcar, sazone con pimienta y pruebe las habas antes de añadir sal, porque quizás no hará falta.

4 Pase las habas a una fuente grande o a varias individuales y sírvalas muy calientes, adornadas con menta o eneldo picados.

jamón serrano con ruqueta

ingredientes

PARA 6 PERSONAS

140 g de ruqueta

4¹/₂ cucharadas de aceite
de oliva

1¹/₂ cucharadas de zumo
de naranja

280 g de jamón serrano,
en lonchas finas

sal y pimienta

preparación

1 Ponga la ruqueta en una fuente y alíñela
con el aceite de oliva y el zumo de naranja.
Salpimiéntelo al gusto y mézclelo bien.

2 Reparta la ensalada y las lonchas de jamón
serrano, dobladas de forma decorativa,
en platos individuales y sírvalos.

albóndigas en salsa de almendras

ingredientes

PARA 6-8 PERSONAS

60 g de miga de pan blanco
    o moreno

3 cucharadas de agua

450 g de carne magra
    de cerdo picada

1 cebolla grande picada

1 diente de ajo chafado

2 cucharadas de perejil
    picado y un poco más
    para adornar

1 huevo batido

nuez moscada recién rallada

sal y pimienta

harina, para rebozar

2 cucharadas de aceite
    de oliva

1 chorrito de zumo de limón

pan crujiente,
    para acompañar

salsa de almendras

2 cucharadas de aceite
    de oliva

25 g de pan blanco o moreno

120 g de almendras peladas

2 dientes de ajo picados finos

150 ml de vino blanco seco

sal y pimienta

425 ml de caldo vegetal

preparación

1 Para preparar las albóndigas, ponga el pan en un bol, vierta el agua y déjelo en remojo 5 minutos. Estrújelo con las manos para retirar el agua y póngalo en un cuenco seco. Eche la carne, la cebolla, el ajo, el perejil y el huevo; sazone con nuez moscada, sal y pimienta. Mézclelo todo bien.

2 Ponga un poco de harina en un plato. Con las manos enharinadas, forme unas 30 albóndigas del mismo tamaño y rebócelas en la harina. Caliente el aceite en una sartén grande y fríalas por tandas 4 o 5 minutos o hasta que estén doradas. Retírelas y resérvelas.

3 Para preparar la salsa, caliente el aceite en la misma sartén. Desmenuce el pan, échelo en la sartén con las almendras, y fríalos, a fuego lento y removiendo, hasta que estén dorados. Añada el ajo y fríalo todo 30 segundos más; vierta el vino y deje que hierva 1 o 2 minutos. Salpimiente y déjelo enfriar. Cuando la mezcla de almendras esté fría, pásela al robot de cocina, vierta el caldo y tritúrelo hasta obtener una salsa fina. Devuelva la salsa a la sartén.

4 Eche las albóndigas y cuézalas 25 minutos. Pruebe la salsa y rectifique la sazón. Pase las albóndigas con la salsa a una fuente, rocíelas con zumo de limón y adórnelas con perejil picado. Sírvalas con pan.

albóndigas con salsa de tomate

ingredientes

PARA 60 UNIDADES

aceite de oliva

1 cebolla roja picada

500 g de carne de cordero picada

1 huevo grande batido

2 cucharaditas de zumo de limón

1/2 cucharadita de comino molido

cayena molida

2 cucharadas de menta fresca picada

sal y pimienta

300 ml de salsa de tomate y pimiento (*véase* página 56), para acompañar

preparación

1 Caliente 1 cucharada de aceite en una sartén, a fuego medio, y sofría la cebolla 5 minutos, removiendo de vez en cuando, hasta que esté tierna pero sin dorarse.

2 Retire la sartén del fuego y deje que se enfríe. Mezcle en un bol la cebolla y la carne con el huevo, el zumo de limón, el comino, la cayena y la menta, sal y pimienta. Con las manos, amase bien los ingredientes hasta obtener una pasta. Fría un poco de pasta para ver si hace falta rectificar la sazón.

3 Con las manos mojadas, haga bolitas de unos 2 cm. Póngalas en una fuente y déjelas en el frigorífico un mínimo de 20 minutos.

4 Transcurrido este tiempo, caliente un poco de aceite en 1 o 2 sartenes (la cantidad de aceite dependerá de la grasa que tenga el cordero). Fría las albóndigas en una sola capa, sin llenar demasiado la sartén y a fuego medio, unos 5 minutos, hasta que estén doradas por fuera y rosadas por dentro. Hágalo por tandas si es necesario.

surtido variado

ingredientes

PARA 8-10 PERSONAS

200 g de patatas harinosas
    pequeñas, sin pelar

5 cucharadas de aceite
    de oliva

2 filetes de solomillo,
    de unos 225 g cada uno

1 guindilla roja fresca,
    sin semillas y troceada
    (opcional)

350 g de queso del Montsec
    u otro queso de cabra,
    en rodajas

175 g de hojas de lechuga
    variadas

2 cucharadas de aceitunas
    negras

2 cucharadas de aceitunas
    verdes

50 g de anchoas en aceite,
    escurridas y en 2 filetes

1 cucharada de alcaparras,
    aclaradas

sal y pimienta

preparación

1 Hierva las patatas en agua ligeramente salada, de 15 a 20 minutos o hasta que estén tiernas. Escúrralas y déjelas enfriar un poco.

2 Caliente una sartén de base gruesa o una plancha a fuego fuerte y úntela con 1 cucharada de aceite. Sazone los filetes con pimienta y áselos 1 o 1 1/2 minutos por cada lado, o hasta que estén dorados. Baje el fuego y áselos 1 1/2 minutos más por cada lado. Retírelos de la sartén y déjelos reposar de 10 a 15 minutos.

3 Caliente 2 cucharadas de aceite en una sartén y fría la guindilla y las patatas, removiéndolas a menudo, durante 10 minutos o hasta que estén crujientes y doradas.

4 Corte los filetes en lonchas muy finas y dispóngalas, alternándolas con el queso, en el borde de una fuente llana. Mezcle las hojas de lechuga, las aceitunas, las anchoas y las alcaparras y dispóngalas en el centro de la fuente. Rocíelo todo con el aceite restante y ponga las patatas por encima. Sirva el plato templado o a temperatura ambiente.

pinchos de ternera con naranja y ajo

ingredientes

PARA 6-8 PERSONAS

3 cucharadas de vino blanco

2 cucharadas de aceite
de oliva

3 dientes de ajo picados

el zumo de 1 naranja

450 g de filete de ternera
en dados

450 g de cebollitas partidas
en dos

2 pimientos naranjas, sin
semillas y en cuadrados

225 g de tomates cereza

sal y pimienta

preparación

1 Mezcle el vino, el aceite de oliva, el ajo y el zumo de naranja en una fuente llana que no sea de metal. Eche la carne, salpimiéntela al gusto y remuévala para que quede bien impregnada. Tape el recipiente con film transparente y deje macerar la carne en el frigorífico de 2 a 8 horas.

2 Precaliente el grill al máximo. Escurra la carne y reserve el líquido del adobo. Ensarte en varios pinchos, alternándolos, la carne, la cebolla, el pimiento y los tomates.

3 Ase los pinchos bajo el grill, dándoles la vuelta y mojándolos varias veces con el adobo, durante 10 minutos o hasta que estén hechos. Sírvalos enseguida en platos precalentados.

pinchos de cordero al limón

ingredientes

PARA 8 PERSONAS

2 dientes de ajo picados

1 cebolla picada

2 cucharaditas de ralladura
de limón

2 cucharadas de zumo
de limón

1 cucharadita de tomillo
fresco

1 cucharadita de cilantro
molido

1 cucharadita de comino
molido

2 cucharadas de vinagre
de vino tinto

125 ml de aceite de oliva

1 kg de carne de cordero,
en trozos de unos 2 cm

rodajas de naranja,
para adornar

preparación

1 Mezcle el ajo, la cebolla, la ralladura y el zumo de limón, el tomillo, el cilantro, el comino, el vinagre y el aceite en una fuente llana que no sea metálica y bátalo bien.

2 Ensarte los trozos de cordero en 16 pinchos de madera y póngalos en la fuente, dándoles la vuelta para que queden bien impregnados. Tape el recipiente con film transparente y deje macerar los pinchos en el frigorífico de 2 a 8 horas, dándoles la vuelta de vez en cuando.

3 Precaliente el grill a temperatura media. Escurra los pinchos y reserve el líquido de la maceración. Áselos bajo el grill, dándoles la vuelta varias veces y untándolos con el adobo, durante 10 minutos o hasta que estén tiernos y asados a su gusto. Sírvalos enseguida, adornados con rodajas de naranja.

pinchos de cerdo

ingredientes

PARA 12 UNIDADES

450 g de carne magra
de cerdo, sin hueso

3 cucharadas de aceite de
oliva y un poco más para
untar (opcional)

la ralladura y zumo
de 1 limón grande

2 dientes de ajo chafados

2 cucharadas de perejil
picado y un poco más
para adornar

1 cucharada de ras-el-hanout

sal y pimienta

preparación

1 Recuerde que estos pinchos se dejan en adobo y, por lo tanto, debe prepararlos con la anticipación necesaria. Corte la carne en dados de unos 2 cm de lado y póngalos formando una sola capa en una fuente grande y plana que no sea de metal.

2 Para preparar el adobo, mezcle en un bol todos los ingredientes restantes. Vierta el adobo sobre la carne y remueva para que quede bien impregnada. Tape la fuente y deje adobar la carne en el frigorífico 8 horas o todo el día, dándole la vuelta 2 o 3 veces.

3 Para asar la carne, puede usar pinchos de madera o de metal. Para esta receta necesitará unos 12 pinchos de 15 cm. Si los utiliza de madera, remójelos previamente en agua fría durante 30 minutos; esto evita que se quemen y permite que los trozos de comida se mantengan adheridos a ellos durante la cocción. Los pinchos de metal sólo se han de engrasar, y es mejor usarlos planos que redondos para evitar que se salga alguno de los trozos de alimento ensartados.

4 Precaliente el grill, la plancha o la barbacoa. Ensarte 3 trozos de carne en cada pincho, espaciados. Áselos entre 10 y 15 minutos, o hasta que la carne esté tierna y dorada, dándoles la vuelta y untándolos con el adobo que haya quedado. Sirva los pinchos enseguida decorados con perejil.

higadillos de pollo en salsa de jerez

ingredientes

PARA 6 PERSONAS

450 g de higadillos de pollo

2 cucharadas de aceite
de oliva

1 cebolla pequeña picada
fina

2 dientes de ajo picados finos

100 ml de jerez seco

sal y pimienta

2 cucharadas de perejil

pan crujiente o tostadas,
para acompañar

preparación

1 Si es necesario, empiece limpiando los higadillos, eliminando conductos y cartílagos; después córtelos en trocitos del tamaño de un bocado.

2 Caliente el aceite de oliva en una sartén de base gruesa. Eche la cebolla y fríala 5 minutos o hasta que esté blanda, pero sin llegar a dorarse. Añada el ajo y fríalo todo unos 30 segundos más.

3 Eche en la sartén los higadillos de pollo y, removiendo sin cesar, fríalos 2 o 3 minutos; han de quedar firmes y cambiar de color por fuera, pero manteniéndose tiernos y sonrosados por el centro. Con una rasera, saque los higadillos de la sartén y póngalos en una fuente grande precalentada o en varias más pequeñas; procure que no se enfríen.

4 Eche el jerez en la sartén y desglase el jugo de la cocción. Avive el fuego y deje borbotear el jerez 3 o 4 minutos para que se evapore el alcohol y se reduzca un poco. Salpimiente la salsa al gusto.

5 Vierta la salsa de jerez sobre los higadillos de pollo y esparza sobre ellos el perejil picado. Sírvalos muy calientes, acompañados de pan.

rollitos de pollo con aceitunas

ingredientes

PARA 6-8 PERSONAS

115 g de aceitunas negras
  en aceite, escurridas,
  y 2 cucharadas del aceite

140 g de mantequilla blanda

4 cucharadas de perejil
  picado

4 pechugas de pollo sin
  hueso ni piel

preparación

1 Precaliente el horno a 200 °C. Deshuese las aceitunas y trocéelas. Mézclelas con la mantequilla y el perejil en un bol.

2 Ponga las pechugas de pollo entre 2 hojas de film transparente y aplánelas suavemente con una maza o un rodillo.

3 Unte las pechugas con la mantequilla de aceitunas y enróllelas. Fíjelas con palillos o átelas con hilo de cocina si es necesario.

4 Ponga los rollitos de pollo en la bandeja del horno. Rocíelos con el aceite de las aceitunas y áselos al horno de 45 a 55 minutos o hasta que estén tiernos y el líquido salga transparente al pincharlos con un cuchillo.

5 Pase los rollitos a una tabla de picar y deseche los palillos o el hilo. Con un cuchillo afilado, córtelos en rodajas y sírvalas enseguida.

pollo al limón con ajo

ingredientes

PARA 6-8 PERSONAS

4 pechugas grandes de pollo,
deshuesadas y sin piel

5 cucharadas de aceite
de oliva

1 cebolla picada fina

6 dientes de ajo picados finos

la ralladura de 1 limón, la piel
muy fina de 1 limón y el
zumo de ambos limones

4 cucharadas de perejil
picado y un poco más
para adornar

sal y pimienta

gajos de limón y pan
crujiente, para acompañar

preparación

1 Con un cuchillo afilado, corte las pechugas a lo ancho en filetes muy finos. Caliente el aceite en una sartén grande, de base gruesa, y fría la cebolla 5 minutos o hasta que esté tierna, pero sin llegar a dorarse. Añada el ajo y fríalo todo 30 segundos más.

2 Ponga en la sartén los filetes de pollo y, removiendo de vez en cuando, fríalos a fuego lento entre 5 y 10 minutos, hasta que todos los ingredientes se hayan dorado ligeramente y el pollo esté tierno.

3 Añada la ralladura y el zumo de limón y déjelo borbotear, mientras desglasa el fondo de la cocción con una cuchara de madera. Aparte la sartén del fuego, añada el perejil y salpimiente al gusto.

4 Pase el pollo, muy caliente, a una fuente. Esparza por encima tiritas de piel de limón, adorne con perejil y sírvalo con gajos de limón para exprimirlos, si se desea, sobre el pollo. Acompañe el plato con rebanadas de pan crujiente para mojarlo en la salsa.

para amantes del
pescado y el marisco

El pescado y el marisco son el orgullo de las tapas y en este capítulo encontrará una selección de las mejores recetas. Piense que, siempre que pueda, merece la pena gastar un poco más en ingredientes frescos de primera calidad, aunque sólo sea para las ocasiones especiales. Cuando muerda un bocado de rape o una gamba al ajillo frescos, notará la diferencia y seguro que no se arrepentirá.

Las gambas y los langostinos son alimentos habituales de las tapas, no pueden faltar en ningún buen surtido de ellas, ya sean al ajillo, cocidos, fritos o en salsa. Su popularidad queda claramente puesta de manifiesto en los bares de tapas más antiguos, donde estos crustáceos son devorados con entusiasmo y las cáscaras van a parar al suelo, preparado con serrín, donde se amontonan junto con los palillos, las pepitas de limón y las servilletas de papel.

Muchas de estas tapas quedan muy bien como elegantes primeros platos: simplemente ajuste la cantidad según el número de raciones que necesite. Escoja por ejemplo, los langostinos al ajillo con limón y perejil, las croquetas de pescado, los calamares a la romana o los pinchos de rape aromatizados con romero y beicon. Literalmente ¡para chuparse los dedos!

pinchos de rape, romero y beicon

ingredientes

PARA 12 UNIDADES

250 g de filetes de rape

12 ramitas de romero fresco

3 cucharadas de aceite
   de oliva

el zumo de $^1/_2$ limón pequeño

1 diente de ajo chafado

sal y pimienta

6 lonchas gruesas de beicon

gajos de limón, para adornar

alioli (*véase* página 70),
   para acompañar

preparación

1 Con un cuchillo afilado corte los filetes de rape en 24 trozos del tamaño de un bocado. Póngalos en un cuenco.

2 Para preparar los pinchos de romero, arranque las hojas de las ramitas, dejando sólo las de la punta; reserve las hojas y las ramas.

3 Para preparar la marinada, pique muy finas las hojas reservadas y mézclelas en un cuenco con el aceite, el zumo de limón, el ajo, sal y pimienta. Añada el pescado y remueva para que quede bien impregnado. Tape el cuenco y déjelo en el frigorífico 1 o 2 horas.

4 Corte cada loncha de beicon por la mitad a lo largo y después por la mitad a lo ancho; enrolle cada trozo. En cada uno de los pinchos de romero ensarte, alternándolos, 2 trozos de rape y 2 rollitos de beicon.

5 Precaliente el grill, la plancha o la barbacoa. Si va a asar los pinchos bajo el grill, póngalos de modo que las hojas de las ramitas no se quemen. Ase los pinchos 10 minutos o hasta que estén hechos, dándoles la vuelta y untándolos con la marinada de vez en cuando. Sírvalos calientes, con gajos de limón y alioli.

esqueixada

ingredientes

PARA 4-6 PERSONAS

400 g de bacalao salado,
en 1 trozo

6 cebolletas en rodajas
diagonales

6 cucharadas de aceite
de oliva virgen extra

1 cucharada de vinagre
de jerez

1 cucharada de zumo
de limón

2 pimientos rojos grandes,
asados y pelados, sin
semillas y en dados

12 aceitunas negras grandes,
sin hueso y en rodajas

2 tomates grandes y jugosos,
en rodajas

pimienta

2 cucharadas de perejil
picado

preparación

1 Ponga el bacalao en un cuenco, cúbralo con agua fría y déjelo en remojo 48 horas, cambiándole el agua 3 veces al día, o según le aconsejen en la bacaladería.

2 Escurra y seque el bacalao con papel de cocina, quítele la piel y las espinas y desmenúcelo en tiras con los dedos. Póngalo en una fuente no metálica con las cebolletas, el aceite, el vinagre y el zumo de limón; y mézclelo bien. Sazone con pimienta, tápelo y déjelo o en el frigorífico 3 horas.

3 Añada el pimiento y las aceitunas. Pruebe la ensalada y rectifíquela de sal si es necesario; recuerde que el bacalao y las aceitunas son muy salados. Disponga el tomate en una ensaladera o en platos y reparta la esqueixada por encima. Espolvoréela con perejil picado y sírvala.

croquetas de pescado

ingredientes

PARA 12 UNIDADES

350 g de filetes de pescado
blanco, como bacalao,
abadejo o rape

300 ml de leche

sal y pimienta

4 cucharadas de aceite
de oliva o 60 g de
mantequilla

60 g de harina

4 cucharadas de alcaparras,
picadas gruesas

1 cucharadita de pimentón

1 diente de ajo chafado

1 cucharadita de zumo
de limón

3 cucharadas de perejil
picado, y unas ramitas
para adornar

1 huevo batido

60 g de pan blanco recién
rallado

1 cucharadita de semillas
de sésamo

aceite de girasol, para freír

gajos de limón, para adornar

mayonesa, para acompañar
las croquetas

preparación

1 Ponga el pescado y la leche en una sartén. Salpimiente y llévelo a ebullición, baje el fuego, tape la sartén y cuézalo 8 o 10 minutos. Retire los filetes y reserve la leche. Desmenuce el pescado, retirando pieles y espinas.

2 Caliente el aceite o la mantequilla en un cazo. Eche la harina y, sin dejar de remover, dórela a fuego suave 1 minuto. Aparte el cazo del fuego y vierta poco a poco la leche, removiendo para que no se formen grumos. Vuelva a poner el cazo a fuego lento y deje que hierva hasta que se espese, removiendo.

3 Retire el cazo del fuego y eche el pescado. Añada las alcaparras, el pimentón, el ajo, el limón y el perejil; mézclelo y salpimiente. Pase la masa a un plato y déjela enfriar; cúbrala y refrigérela 2 o 3 horas o toda la noche.

4 Bata el huevo en un plato y, en otro, mezcle el pan rallado con el sésamo. Divida la pasta en 12 porciones del mismo tamaño y, con las manos enharinadas, deles forma de croqueta alargada. Sumérjalas una por una en el huevo batido y rebócelas con la mezcla de pan. Póngalas en un plato y refrigérelas 1 hora.

5 Caliente el aceite vegetal. Fría las croquetas por tandas, hasta que estén doradas. Retírelas y escúrralas en papel de cocina.

6 Sírvalas calientes, adornadas con limón y perejil, y con mayonesa para acompañar.

bacalao con aguacate

ingredientes

PARA 6 PERSONAS

350 g de bacalao salado

2 cucharadas de aceite
   de oliva

1 cebolla picada

1 diente de ajo picado

3 aguacates

1 cucharada de zumo
   de limón

1 pizca de guindilla molida

1 cucharada de jerez seco

4 cucharadas de nata espesa

sal y pimienta

preparación

1 Deje el bacalao en remojo en agua fría
48 horas, cambiándole el agua 3 veces al
día, o según le aconsejen en la bacaladería.
Escurra el pescado, séquelo con papel
de cocina y córtelo en trocitos.

2 Precaliente el horno a 180 °C. Caliente
el aceite en una sartén de base gruesa
y rehogue la cebolla y el ajo a fuego lento,
removiendo de vez en cuando, 5 minutos
o hasta que se ablanden. Eche el pescado y
fríalo a fuego medio, removiéndolo a menudo,
de 6 a 8 minutos o hasta que se desmenuce
fácilmente. Retire la sartén del fuego y déjelo
enfriar un poco.

3 Mientras tanto, parta los aguacates por la
mitad a lo largo y retíreles el hueso. Con una
cucharilla, extraiga la pulpa sin romper la piel.
Reserve los cascarones y chafe la pulpa en un
bol con el zumo de limón.

4 Retire cualquier trocito de piel o espina que
aún pueda tener el pescado y mezcle el sofrito
con el aguacate. Añada la guindilla, el jerez
y la nata y mézclelo bien con un tenedor.
Salpimiéntelo al gusto.

5 Rellene los cascarones de aguacate con
la pasta y colóquelos en una bandeja para
el horno. Hornéelos de 10 a 15 minutos y
sírvalos en platos precalentados.

alcachofas rellenas

ingredientes

PARA 4 PERSONAS

4 alcachofas

2 lenguados fileteados

$^1/_2$ limón

250 ml de vino blanco seco

60 g de mantequilla

25 g de harina

250 ml de leche

nuez moscada recién rallada

1 hoja de laurel

115 g de champiñones
    en láminas

sal y pimienta

preparación

1 Corte el troncho de las alcachofas, retire las hojas exteriores más duras y corte la punta de las otras con unas tijeras. Póngalas en una olla, cúbralas con agua y sálelas. Llévelas a ebullición, baje el fuego y cuézalas durante 30 minutos o hasta que estén muy tiernas.

2 Mientras tanto, salpimiente el pescado y rocíelo con el zumo de limón. Enrolle los filetes y fíjelos con palillos. Póngalos en una sartén con el vino y cuézalos 15 minutos, regándolos de vez en cuando.

3 Derrita la mitad de la mantequilla en un cazo, eche la harina y fríala, sin dejar de remover, 2 minutos o hasta que se dore. Retire el cazo del fuego y vierta la leche poco a poco. Vuelva a poner el cazo al fuego y llévelo a ebullición, sin dejar de remover, hasta que la bechamel se haya espesado. Baje el fuego al mínimo, sazone con sal, pimienta, nuez moscada y laurel.

4 Derrita la mantequilla restante en una sartén y fría los champiñones, removiendo de vez en cuando, 3 minutos. Retire la sartén del fuego.

5 Escurra las alcachofas sobre papel de cocina. Deseche la pelusilla y las hojas más duras y colóquelas en cuencos individuales. Rellene las alcachofas con los champiñones. Eche también la bechamel, tras haber desechado el laurel. Pase los filetes de pescado a una bandeja y quíteles los palillos. Póngalos dentro de las alcachofas y sírvalas.

sardinas marinadas con limón y guindilla

ingredientes

PARA 4 PERSONAS

450 g de sardinas limpias
y en filetes

4 cucharadas de zumo
de limón

1 diente de ajo picado

1 cucharada de eneldo fresco
picado

1 cucharadita de guindilla
roja fresca, picada

4 cucharadas de aceite
de oliva

sal y pimienta

preparación

1 Ponga los filetes de sardinas en una tabla de picar, retire con cuidado todas las espinas y córtelos en trozos del tamaño de un bocado.

2 Coloque las sardinas, con la piel hacia abajo, en una fuente no metálica y rocíelas con el zumo de limón. Tápelas con film transparente y déjelas reposar al fresco unos 30 minutos.

3 Escurra el zumo. Esparza el ajo, el eneldo y la guindilla sobre las sardinas y salpimiente. Rocíelas con aceite de oliva, tápelas con film transparente y déjelas en el frigorífico 12 horas antes de servirlas.

sardinas en escabeche de jerez

ingredientes

PARA 6 PERSONAS

12 sardinas pequeñas

175 ml de aceite de oliva

4 cucharadas de vinagre
de jerez

2 zanahorias en juliana

1 cebolla en rodajas finas

1 diente de ajo chafado

1 hoja de laurel

sal y pimienta

4 cucharadas de perejil
picado

unas ramitas de eneldo
fresco, para adornar

gajos de limón, para adornar

preparación

1 Caliente 4 cucharadas de aceite de oliva
en una sartén grande, de base gruesa, y fría
las sardinas durante 10 minutos o hasta que
estén doradas por ambos lados. Con una pala
de pescado, retire con cuidado las sardinas
de la sartén y páselas a una fuente plana que
no sea metálica, formando una sola capa.

2 Caliente lentamente, en un cazo grande,
el aceite de oliva restante y el vinagre de jerez;
eche la zanahoria, la cebolla, el ajo y el laurel
y cuézalo todo a fuego lento unos 5 minutos.
Salpimiente las hortalizas al gusto. Deje que
el escabeche se enfríe un poco y entonces
échelo sobre el pescado.

3 Tape la fuente y deje enfriar las sardinas
antes de refrigerarlas. Déjelas marinar unas
8 horas o toda la noche, rociándolas de vez
en cuando con el escabeche aunque no es
necesario que se levante a media noche.
Antes de servirlas, déjelas un buen rato a
temperatura ambiente. En el último momento,
espolvoréelas con perejil y decore la fuente
con ramitas de eneldo. Sírvalas con gajos
de limón.

sardinas rebozadas con salsa romesco

ingredientes

PARA 6 PERSONAS

24 sardinas limpias
    y sin raspas

115 g de harina

4 huevos ligeramente batidos

250 g de pan rallado

6 cucharadas de perejil
    picado

4 cucharadas de mejorana
    fresca picada

aceite vegetal, para freír

salsa romesco

1 pimiento rojo partido por
    la mitad y sin semillas

2 tomates partidos por
    la mitad

4 dientes de ajo

125 ml de aceite de oliva

1 rebanada de pan blanco,
    en dados

50 g de almendras sin piel

1 guindilla roja fresca picada

2 chalotes troceados

1 cucharadita de pimentón

2 cucharadas de vinagre
    de vino tinto

2 cucharaditas de azúcar

1 cucharada de agua

preparación

1 Para preparar la salsa, precaliente el horno a 220 °C. Ponga el pimiento, los tomates y los ajos en una bandeja del horno, écheles una cucharadita del aceite por encima y deles la vuelta para untarlos bien. Áselos al horno de 20 a 25 minutos y déjelos enfriar. Cuando estén tibios, quíteles la piel y ponga la pulpa en el recipiente de una batidora.

2 Caliente 1 cucharada de aceite en una sartén y sofría el pan y las almendras a fuego lento, hasta que se doren. Escúrralos sobre papel de cocina. Fría en la misma sartén la guindilla, los chalotes y el pimentón, durante 5 minutos o hasta que estén tiernos.

3 Añada a la batidora el pan, las almendras, el sofrito de chalote, el vinagre, el azúcar y el agua. Bátalo hasta obtener una pasta. Con el aparato en marcha, vierta el resto del aceite poco a poco. Pase la salsa a un bol y resérvela.

4 Ponga la harina y el huevo en sendos platos. Mezcle en otro el pan rallado y las hierbas. Reboce las sardinas con harina, huevo y pan rallado, en ese orden.

5 Caliente el aceite vegetal hasta que un trocito de pan se dore en 30 segundos. Fría las sardinas 4 o 5 minutos, o hasta que se doren. Escúrralas y sírvalas con la salsa.

caballa en escabeche

ingredientes

PARA 6 PERSONAS

8 filetes de caballa fresca

300 ml aceite de oliva virgen
    extra

2 cebollas rojas grandes,
    en rodajas

2 zanahorias en rodajas

2 hojas de laurel

2 dientes de ajo en rodajas

2 guindillas rojas secas

1 bulbo de hinojo, cortado
    por la mitad y después
    en rodajas

300 ml de vinagre de jerez

1$^{1}/_{2}$ cucharadas de semillas
    de cilantro

sal y pimienta

preparación

1 Precaliente el grill a temperatura media. Ponga el pescado en una rejilla, con la piel hacia arriba, y úntelo con aceite. Áselo a unos 10 cm del grill, de 4 a 6 minutos o hasta que la piel se dore y esté crujiente y la carne se desmenuce fácilmente. Resérvelo.

2 Caliente el resto del aceite en una sartén y fría la cebolla durante 5 minutos o hasta que esté tierna, sin que llegue a dorarse. Añada el resto de los ingredientes y deje que se cuezan unos 10 minutos o hasta que la zanahoria esté tierna.

3 Rompa los filetes de caballa en trozos grandes, quitándoles la piel y las espinas. Póngalos en un tarro de cristal con el escabeche. En el tarro tendría que caber todo bastante apretado, quedando el mínimo espacio vacío en la parte de arriba una vez introducidos los ingredientes. Déjelo enfriar del todo, cierre el tarro herméticamente y déjelo en el frigorífico un mínimo de 24 horas y un máximo de 5 días. Sirva los trozos de caballa sobre tostadas de pan de barra con un poco de aceite.

4 Si lo prefiere, sirva los filetes de caballa con las hortalizas como ensalada.

salmón fresco en mojo picón

ingredientes

PARA 8 PERSONAS

4 filetes de salmón fresco que
    pesen unos 750 g en total
sal y pimienta
3 cucharadas de aceite
    de oliva
1 ramita de perejil,
    para adornar

mojo picón

2 dientes de ajo pelados
2 cucharaditas de pimentón
1 cucharadita de comino
    molido
5 cucharadas de aceite
    de oliva virgen extra
2 cucharadas de vinagre
    de vino blanco
sal

preparación

1 Para preparar el mojo, ponga el ajo, el
pimentón y el comino en el contenedor de
un robot de cocina provisto de la cuchilla
metálica y, con pulsaciones intermitentes,
triture los ingredientes aproximadamente
durante 1 minuto para que queden bien
amalgamados. Con el aparato todavía en
marcha, añada, gota a gota, 1 cucharada de
aceite. Desconecte, raspe con una espátula
las paredes del recipiente, conecte de nuevo
el robot y, muy lentamente, continúe vertiendo
el aceite en un fino hilillo, hasta agotar el
aceite y obtener una salsa algo espesa. Añada
el vinagre y mézclelo 1 minuto. Sale al gusto.

2 Para preparar el salmón, quítele la piel y
corte los filetes en trozos de 2 cm de grueso;
retire todas las espinas. Salpimiente.

3 Caliente el aceite en una sartén grande,
de base gruesa. Cuando esté caliente, fría los
trozos de pescado unos 10 minutos, según su
grosor, dándoles la vuelta de vez en cuando.
Han de quedar dorados por ambos lados.

4 Pase el salmón a una fuente precalentada,
rocíelo con un poco de mojo picón y sírvalo
caliente, adornado con perejil. Ponga el mojo
restante en un bol pequeño y llévelo a la mesa
como acompañamiento del salmón.

ensalada de atún, huevo y patata

ingredientes

PARA 4 PERSONAS

350 g de patatas nuevas
sin pelar

1 huevo duro, frío y sin la
cáscara

3 cucharadas de aceite
de oliva

1½ cucharadas de vinagre
de vino blanco

115 g de atún en aceite,
escurrido y troceado

2 chalotes picados

1 tomate pelado y en dados

2 cucharadas de perejil
picado

sal y pimienta

preparación

1 Hierva las patatas en agua con sal durante 10 minutos. Retírelas del fuego, tápelas y déjelas reposar de 15 a 20 minutos o hasta que estén tiernas.

2 Mientras tanto, corte el huevo duro en rodajas y cada rodaja por la mitad. Bata el aceite de oliva y el vinagre en un bol y salpimiente. Vierta un poco de vinagreta en una ensaladera para cubrir el fondo.

3 Escurra las patatas, pélelas y córtelas en rodajas finas. Coloque la mitad de las patatas en la base de la ensaladera y sálelas. Ponga por encima la mitad del atún, del huevo y de los chalotes. Vierta la mitad del aliño. Haga una segunda capa con la otra mitad de las patatas, el atún, el huevo y los chalotes. Vierta el resto del aliño por encima.

4 Finalmente, ponga el tomate y el perejil sobre la ensalada. Tápela con film transparente y déjela reposar en un lugar fresco 1 o 2 horas antes de servirla.

atún con aceitunas rellenas de pimiento

ingredientes

PARA 6 PERSONAS

2 rodajas de atún fresco de
    unos 2,5 cm de grueso,
    que pesen en total unos
    250 g

5 cucharadas de aceite
    de oliva

3 cucharadas de vinagre
    de vino tinto

4 ramitas de tomillo fresco y
    un poco más para adornar

1 hoja de laurel

sal y pimienta

2 cucharadas de harina

1 cebolla picada fina

2 dientes de ajo picados finos

90 g de aceitunas verdes
    rellenas de pimiento,
    en rodajas

pan crujiente,
    para acompañar

preparación

1 Quite la piel a las rodajas de atún y córtelas por la mitad en la dirección de la fibra. Corte cada mitad en trozos de 1 cm de grueso, en dirección contraria a la fibra.

2 Ponga 3 cucharadas del aceite y el vinagre en una fuente grande que no sea metálica. Arranque las hojas del tomillo y échelas en ese recipiente junto con la hoja de laurel, sal y pimienta. Eche los trozos de atún preparados y déjelos adobar en el frigorífico 8 horas o toda la noche, con el recipiente tapado.

3 Al día siguiente, ponga la harina en una bolsa de plástico, saque el atún del adobo y reserve el líquido para más adelante. Introduzca el pescado en la bolsa y agítela para que quede recubierto de harina.

4 Caliente el aceite restante en una sartén. Sofría a fuego suave la cebolla y el ajo de 5 a 10 minutos, hasta que estén tiernos. Añada el atún y fríalo de 2 a 5 minutos, dándole vueltas varias veces, hasta que el pescado se vuelva opaco. Agregue el adobo y las aceitunas y, sin dejar de remover, prosiga la cocción 1 o 2 minutos, hasta que el pescado esté en su punto y la salsa se haya espesado.

5 Sirva el pescado decorado con tomillo. Acompáñelo con pan crujiente.

rollitos de pimiento y atún

ingredientes

PARA 4 PERSONAS

3 pimientos rojos

125 ml de aceite de oliva

2 cucharadas de zumo
de limón

5 cucharadas de vinagre
de vino tinto

2 dientes de ajo picados

1 cucharadita de pimentón
dulce

1 cucharadita de copos
de guindilla

2 cucharaditas de azúcar

2 cucharadas de alcaparras
en sal

200 g de atún en aceite,
desmenuzado

preparación

1 Precaliente el grill al máximo. Ponga los pimientos en la bandeja del horno y áselos, dándoles la vuelta varias veces, 10 minutos o hasta que la piel se haya chamuscado. Con unas pinzas, ponga los pimientos en una bolsa de plástico; átela y déjelos reposar.

2 Mientras tanto, bata en un bol el aceite con el zumo de limón, el vinagre, el ajo, el pimentón, la guindilla y el azúcar.

3 Cuando los pimientos se hayan enfriado un poco, quíteles la piel, córtelos en tres trozos, a lo largo, y despepítelos. Ponga los trozos de pimiento en un plato y viértales el aliño por encima. Deles la vuelta para que queden bien impregnados.

4 Retire el exceso de sal de las alcaparras y mézclelas con el atún. Escurra los trozos de pimiento, pero reserve el aliño. Reparta la mezcla de atún entre los trozos de pimiento, enróllelos y ensártelos en palillos. Ponga los rollitos de atún en una fuente y rocíelos con el aliño. Sírvalos a temperatura ambiente.

empanadillas de espinacas

ingredientes

PARA 6-8 PERSONAS

2 cucharadas de aceite de
   oliva y un poco más para
   untar
500 g de espinacas frescas
2 dientes de ajo picados
8 filetes de anchoa en aceite,
   escurridos y troceados
2 cucharadas de pasas,
   remojadas en agua
   caliente 10 minutos
40 g de piñones
450 g de pasta de hojaldre,
   descongelada (si lo
   estaba)
harina, para espolvorear
1 huevo ligeramente batido
sal y pimienta

preparación

1 Precaliente el horno a 180 °C. Unte 2 bandejas para el horno con un poco de aceite de oliva.

2 Deseche la parte más dura de los tallos de las espinacas y trocéelas.

3 Caliente el aceite de oliva en una sartén grande y fría las espinacas, tapadas, a fuego lento y agitando la sartén de vez en cuando, durante 3 minutos. Incorpore el ajo y las anchoas y rehóguelo todo junto, sin tapar, 1 minuto más. Retire la sartén del fuego.

4 Escurra las pasas, píquelas y agréguelas a las espinacas junto con los piñones. Salpimiente la mezcla y déjela enfriar.

5 Extienda la pasta de hojaldre sobre una superficie espolvoreada con harina hasta que tenga unos 3 mm de grosor. Con un cortapastas de unos 7,5 cm de diámetro, corte varios círculos. Junte los restos, vuelva a extender la pasta y corte más círculos.

6 Con una cucharilla, ponga un poco de relleno de espinacas en cada círculo. Humedézcales los bordes con agua, dóblelos para formar medias lunas y presione los bordes para que queden bien sellados. Coloque las empanadillas en las bandejas preparadas y píntelas con el huevo batido. Hornéelas 15 minutos o hasta que estén doradas. Sírvalas calientes.

salpicón de calamar con judías verdes

ingredientes

PARA 6 PERSONAS

500 g de calamares limpios

3 dientes de ajo picados

300 ml de vino tinto seco

500 g de patatas nuevas, sin pelar

225 g de judías verdes, troceadas

4 cucharadas de aceite de oliva

1 cucharada de vinagre de vino tinto

sal y pimienta

preparación

1 Precaliente el horno a 180 °C. Con un cuchillo afilado, corte los calamares en anillas de 1 cm de grosor; póngalas en una fuente para el horno. Espolvoréelas con la mitad del ajo, vierta el vino por encima y salpimiéntelas. Tape la fuente con papel de aluminio y cueza los calamares al horno de 45 a 50 minutos o hasta que se noten tiernos al pincharlos con la punta de un cuchillo.

2 Mientras tanto, cueza las patatas en agua ligeramente salada hirviendo, de 15 a 20 minutos o hasta que estén tiernas. Escúrralas, déjelas enfriar un poco, córtelas en rodajas gruesas y póngalas en un cuenco.

3 Cueza las judías en otra olla, de 3 a 5 minutos o hasta que estén tiernas. Escúrralas y mézclelas con las patatas. Escurra los calamares y échelos en el mismo cuenco.

4 Bata en un bol el aceite de oliva, el vinagre y el ajo restante y salpimiente la mezcla. Eche el aliño sobre el salpicón y remuévalo un poco. Repártalo en platos individuales y sírvalo templado.

calamares a la romana

ingredientes

PARA 6 PERSONAS

450 g de calamares limpios

harina, para rebozar

aceite de girasol, para freír

sal

gajos de limón, para adornar

alioli (*véase* página 70),
        para acompañar

preparación

1 Corte los calamares en anillas de 1 cm y, si son grandes, corte los tentáculos por la mitad. Aclárelos y séquelos con papel de cocina para que no salpiquen al freírlos. Espolvoree el calamar con harina, de modo que quede ligeramente cubierto. No eche sal en la harina porque la sal, si se añade al calamar antes de la cocción, lo endurece.

2 Caliente el aceite de girasol en una freidora a 180 o 190 ºC o en una sartén de forma que un dado de pan se dore en 30 segundos. Para que la temperatura del aceite no baje, fría las anillas de calamar por tandas, dándoles varias veces la vuelta, durante 2 o 3 minutos o hasta que estén crujientes y bien doradas por ambos lados. No las fría demasiado porque quedarían duras y correosas en vez de tiernas y jugosas.

3 Con una rasera, saque los calamares fritos del aceite y póngalos sobre papel de cocina para que se escurran bien. Para que no se enfríen, métalos en el horno templado mientras fríe los demás.

4 Sale los calamares a la romana y sírvalos enseguida con gajos de limón y alioli aparte.

langostinos al ajillo

ingredientes

PARA 4 PERSONAS

125 ml de aceite de oliva

4 dientes de ajo picados

2 guindillas rojas frescas,
   sin semillas y troceadas

450 g de langostinos cocidos

2 cucharadas de perejil
   picado

sal y pimienta

gajos de limón, para adornar

pan crujiente,
   para acompañar

preparación

1 Caliente el aceite en un wok precalentado o una sartén de base gruesa, a fuego lento. Fría el ajo y la guindilla, removiendo de vez en cuando, 1 o 2 minutos o hasta que se ablanden, pero sin llegar a dorarse.

2 Eche los langostinos y fríalos 2 o 3 minutos, o hasta que se hayan calentado e impregnado bien del aceite con ajo.

3 Apague el fuego e incorpore el perejil picado. Remuévalo todo bien para que quede bien mezclado. Salpimiente los langostinos.

4 Reparta los langostinos al ajillo entre varios platos individuales y decórelos con gajos de limón. Sirva el plato con abundante pan crujiente para mojar.

gambas a la lima

ingredientes

PARA 6 PERSONAS

4 limas

12 gambas grandes

3 cucharadas de aceite
de oliva

2 dientes de ajo picados finos

1 chorrito de jerez seco

sal y pimienta

4 cucharadas de perejil
picado

preparación

1 Ralle la piel y exprima las 2 limas. Corte
en gajos las 2 limas restantes y resérvelos.

2 Pele las gambas dejándoles la cola intacta.
Con un cuchillo afilado, haga una incisión a lo
largo del lomo de cada gamba para extraerles
el hilo intestinal. Aclare las gambas bajo el
chorro de agua fría y déjelas secar sobre
papel de cocina.

3 Caliente el aceite en una sartén grande,
de base gruesa, y fría el ajo 30 segundos.
Eche las gambas y, removiendo de vez en
cuando, fríalas durante 5 minutos o hasta que
cambien de color y empiecen a enroscarse.
Incorpore entonces la ralladura y el zumo
de lima y el chorrito de jerez; remueva.

4 Pase las gambas a una fuente, salpimiéntelas
y espolvoréelas con el perejil. Sírvalas muy
calientes con los gajos de lima reservados.

gambas con aliño de azafrán

ingredientes

PARA 6-8 PERSONAS

1 buena pizca de hebras
de azafrán

2 cucharadas de agua
caliente

150 g de mayonesa

2 cucharadas de cebolla
rallada

4 cucharadas de zumo
de limón

1 cucharadita de mostaza
de Dijon

1 kg de gambas del
Mediterráneo cocidas

1 lechuga romana con las
hojas separadas

4 tomates en gajos

8 aceitunas negras

sal y pimienta

preparación

1 Ponga el azafrán en un bol y vierta el agua.
En otro bol, que no sea metálico, mezcle
la mayonesa, la cebolla, el zumo de limón
y la mostaza, y bátalo para mezclarlo bien.
Salpimiente al gusto e incorpore el agua con
el azafrán. Tápelo con film transparente y
resérvelo en el frigorífico hasta que lo
necesite.

2 Arranque la cabeza a las gambas y pélelas.
Haga una incisión a lo largo del lomo para
extraerles el hilo intestinal, aclárelas con agua
fría y séquelas bien.

3 Ponga las hojas de lechuga en una
ensaladera o en platos individuales. Coloque
las gambas, los gajos de tomate y las
aceitunas por encima y sírvalo con el aliño
de azafrán.

langostinos al ajillo con limón y perejil

ingredientes

PARA 6 PERSONAS

60 langostinos
    descongelados,
    si los usa congelados
150 ml de aceite de oliva
6 dientes de ajo en rodajas
    finas
3 guindillas rojas secas
    (opcional)
6 cucharadas de zumo de
    limón recién exprimido
6 cucharadas de perejil
    picado
pan de barra,
    para acompañar

preparación

1 Pele los langostinos dejándoles la col intacta y quíteles el hilo intestinal. Aclárelos y séquelos bien.

2 Caliente el aceite en una sartén y fría el ajo y las guindillas, removiendo, hasta que el aceite chisporrotee. Eche los langostinos y fríalos hasta que cambien de color y se empiecen a encoger.

3 Con una rasera, pase los langostinos a cuencos de barro. Vierta el zumo de limón por encima y espolvoréelos con perejil. Sírvalos acompañados de pan para mojar.

vieiras a la sidra

ingredientes

PARA 4-5 PERSONAS

1 litro de sidra seca

4 cucharadas de zumo
    de limón

20 vieiras sin las conchas

85 g de mantequilla

25 g de harina

225 ml de nata agria

115 g de champiñones
    pequeños

sal y pimienta

preparación

1 Precaliente el horno a 110 °C. Vierta la sidra
y el zumo de limón en un cazo y salpimiéntelo
al gusto. Eche las vieiras y cuézalas durante
10 minutos o hasta que estén tiernas. Con
una rasera, pase las vieiras a una fuente para
el horno. Úntelas con un par de cucharadas
de mantequilla, cúbralas con papel de
aluminio y resérvelas calientes en el horno.

2 Hierva el caldo de las vieiras hasta que se
reduzca a la mitad. Con un tenedor, mezcle
2 cucharadas de mantequilla con la harina
hasta obtener una pasta. Bátala, poco a poco,
con el caldo, hasta que la salsa se espese y
no tenga grumos. Vierta la nata agria y cueza
la salsa a fuego lento de 5 a 10 minutos.

3 Pruebe la salsa y rectifíquela de sal y
pimienta si lo cree oportuno. Saque las vieiras
del horno y vuelva a ponerlas en el cazo.
Caliéntelas unos 2 o 3 minutos.

4 Mientras tanto, derrita el resto de la
mantequilla en una sartén pequeña y sofría
los champiñones a fuego lento, removiéndolos
a menudo, durante 2 o 3 minutos. Mézclelos
con las vieiras en su salsa y sírvalas
enseguida, en platos individuales.

vieiras gratinadas

ingredientes

PARA 4 PERSONAS

700 g de vieiras sin las
    conchas y troceadas

2 cebollas picadas

2 dientes de ajo picados

3 cucharadas de perejil
    picado

1 pizca de nuez moscada
    rallada

1 pizca de clavo molido

2 cucharadas de miga de pan
    blanco

2 cucharadas de aceite
    de oliva

sal y pimienta

preparación

1 Precaliente el horno a 200 °C. Mezcle las
vieiras, la cebolla, el ajo, 2 cucharadas de
perejil, la nuez moscada y el clavo en un bol
y salpimiente al gusto.

2 Reparta la mezcla entre 4 conchas de vieira
o 4 cuencos individuales que puedan ir al
horno. Esparza la miga de pan y el resto del
perejil por encima y rócielo todo con aceite
de oliva.

3 Ase las vieiras al horno de 15 a 20 minutos
o hasta que estén ligeramente doradas y bien
calientes. Sírvalas enseguida.

vieiras en salsa de azafrán

ingredientes

PARA 8 PERSONAS

150 ml de vino blanco seco

150 ml de caldo de pescado

1 buena pizca de hebras
de azafrán

900 g de vieiras sin concha,
preferiblemente grandes

sal y pimienta

3 cucharadas de aceite
de oliva

1 cebolla pequeña picada
fina

2 dientes de ajo picados finos

150 ml de nata espesa

1 chorro de zumo de limón

perejil picado, para adornar

pan crujiente,
para acompañar

preparación

1 Lleve a ebullición en un cazo el vino, el caldo de pescado y el azafrán. Tape el recipiente y déjelo cocer a fuego lento unos 15 minutos.

2 Quítele a cada vieira el músculo blanco y correoso que se encuentra en el extremo opuesto al coral, y deséchelo. Corte las vieiras verticalmente en rodajas gruesas, incluyendo los corales si están adheridos a ellas. Séquelas sobre papel de cocina y salpiméntelas.

3 Caliente el aceite en una sartén grande, de base gruesa. Sofría la cebolla y el ajo durante 5 minutos o hasta que estén tiernos y ligeramente dorados. Eche las rodajas de vieira en la sartén y, removiendo de vez en cuando, sofríalas a fuego lento 5 minutos o hasta que se vuelvan opacas. Es importante que las vieiras no queden excesivamente cocidas porque resultarían duras y correosas.

4 Retírelas y páselas a una fuente precalentada. Vierta el caldo de azafrán en la sartén y déjelo hervir a fuego vivo hasta que se reduzca a la mitad. Baje el fuego y agregue la nata, poco a poco y removiendo. Cueza la salsa a fuego lento hasta que se espese.

5 Devuelva las vieiras a la sartén y caliéntelas 1 o 2 minutos en la salsa. Añada el zumo de limón, sal y pimienta. Sírvalas espolvoreadas con perejil y pan para acompañar.

ensalada de vieiras

ingredientes

PARA 4-6 PERSONAS

4 cucharadas de aceite
de oliva

3 cucharadas de zumo
de naranja

2 cucharaditas de aceite
de avellana

24 vieiras sin las conchas

ensalada verde (opcional)

175 g de cabrales o cualquier
otro queso azul,
desmenuzado

2 cucharadas de eneldo
fresco picado

sal y pimienta

1 Bata 3 cucharadas de aceite de oliva, el zumo de naranja y el aceite de avellana en un bol y salpimiente el aliño.

2 Caliente el resto del aceite de oliva en una sartén de base gruesa y saltee las vieiras a fuego fuerte durante 1 minuto por cada lado o hasta que se doren.

3 Ponga las vieiras sobre un lecho de ensalada dispuesto en un cuenco o en platos individuales. Esparza el queso y el eneldo por encima y rocíelo todo con el aliño. Sirva el plato templado.

brochetas de vieiras

ingredientes

PARA 4 PERSONAS

2 cucharadas de zumo
de limón

3 cucharadas de aceite
de oliva

2 dientes de ajo picados

1 cucharada de perejil picado

12 vieiras sin las conchas,
preferiblemente con el
coral

16 lonchas finas de jamón
serrano

pimienta

preparación

1 Mezcle en un plato el zumo de limón, el
aceite de oliva, el ajo y el perejil. Separe los
corales de las vieiras y ponga ambas partes en
el plato. Deles la vuelta para que queden bien
impregnadas. Cúbralas con film transparente
y déjelas macerar a temperatura ambiente
durante 20 minutos.

2 Precaliente el grill a media temperatura.
Escurra las vieiras, pero reserve la marinada.
Enrolle una loncha de jamón y ensártela en
una brocheta metálica, con una vieira y un
coral. Siga ensartando los ingredientes de ese
modo hasta preparar 4 brochetas, acabando
siempre con una loncha de jamón enrollada.

3 Ase las brochetas bajo el grill, regándolas
con la marinada y dándoles la vuelta a
menudo, durante 5 minutos o hasta que estén
tiernas y el jamón, crujiente.

4 Ponga las brochetas en platos individuales
precalentados y sazónelas con pimienta.
Rocíelas con el jugo de la cocción y sírvalas
enseguida.

cangrejo con almendras

ingredientes

PARA 4 PERSONAS

450 g de carne de cangrejo
de lata o congelada
(ya descongelada)
115 g de mantequilla
85 g de almendras fileteadas
125 ml de nata espesa
1 cucharada de perejil picado
sal y pimienta

preparación

1 Retire cualquier resto de caparazón o cartílago de la carne de cangrejo. Derrita la mitad de la mantequilla en una sartén de base gruesa y sofría la carne de cangrejo a fuego medio, removiendo de vez en cuando, durante 10 minutos o hasta que esté dorada. Resérvela.

2 Derrita la otra mitad de la mantequilla en otra sartén y fría las almendras a fuego lento, removiendo varias veces, durante 5 minutos o hasta que estén doradas.

3 Mezcle las almendras con la carne de cangrejo y salpimiente la preparación. Eche la nata y el perejil y llévelo a ebullición. Cuando hierva, baje el fuego y cuézalo 3 minutos. Páselo a una fuente precalentada y sírvalo enseguida.

almejas con habas

ingredientes

PARA 4-6 PERSONAS

4 filetes de anchoa en aceite,
    escurridos

1 cucharadita de alcaparras
    en sal

3 cucharadas de aceite
    de oliva

1 cucharada de vinagre
    de jerez

1 cucharadita de mostaza
    de Dijon

500 g de almejas frescas

unos 175 ml de agua

500 g de habas desgranadas

2 cucharadas de hierbas
    frescas picadas, por
    ejemplo, perejil, cebollino
    y menta

sal y pimienta

preparación

1 Ponga las anchoas en un bol, cúbralas con agua y déjelas en remojo 5 minutos. Escúrralas bien, séquelas con papel de cocina y póngalas en el mortero. Retire la sal de las alcaparras, póngalas también en el mortero y májelo todo hasta obtener una pasta.

2 Bata el aceite, el vinagre y la mostaza en otro bol, añada la pasta de anchoas y salpimiente al gusto. Tápelo con film transparente y resérvelo a temperatura ambiente hasta que lo necesite.

3 Lave las almejas con agua fría. Deseche las que tengan la concha rota o estropeada y las que no se cierren enseguida al darles un golpe con el lomo de un cuchillo. Ponga las almejas en una olla con el agua. Tápelas, llévelas a ebullición a fuego fuerte y cuézalas, agitando la olla de vez en cuando, de 3 a 5 minutos o hasta que se hayan abierto. Deseche las que continúen cerradas.

4 Mientras tanto, ponga a hervir en un cazo agua ligeramente salada. Eche las habas, llévelas a ebullición y cuézalas 5 minutos. Escúrralas, aclárelas con agua fría y vuelva a escurrirlas. Pélelas y páselas a un cuenco.

5 Escurra las almejas y deseche las conchas. Mézclelas con las habas y espolvoréelas con las hierbas. Vierta la vinagreta de anchoa y mézclelo con suavidad. Sirva el plato templado.

con huevos y queso

En todo menú de tapas figura alguna con huevo y por supuesto una de las más conocidas es la tortilla de patatas, ¡toda una señora tortilla! Para hacer una auténtica tortilla de patatas, hay que freír las patatas a fuego lento con una generosa cantidad de aceite de oliva, para que absorban el sabor del aceite pero sin que lleguen a dorarse ni se desmenucen. Este capítulo incluye una receta para la más sencilla –y quizá la mejor– de las tortillas, así como otras con algún añadido. También encontrará recetas para cocinar los huevos de otras formas: con salsa picante, fritos, revueltos e incluso horneados. Con sus curiosos nombres como Huevos flamencos y Huevos revueltos a la vasca, estos platos evocan maravillosas regiones del país.

El queso también es uno de los ingredientes habituales de las tapas y en este capítulo encontrará tentadoras recetas con ellos. Si realmente quiere impresionar a sus invitados, sirva una sofisticada combinación de higos frescos, queso azul y almendras caramelizadas, o pruebe unos esponjosos buñuelos de queso con salsa de tomate, o unas calentitas empanadillas rellenas de queso y aceitunas. Aunque hoy en día es fácil encontrar cualquier tipo de queso en la mayoría de los establecimientos, ofrecemos alternativas por si no lograra encontrar el ingrediente original.

tortilla de patatas

ingredientes

PARA 8 PERSONAS

450 g de patatas harinosas
en dados o en rodajas
finas

425 ml de aceite de oliva

2 cebollas troceadas

2 huevos grandes

sal y pimienta

ramitas de perejil,
para adornar

preparación

1 Caliente el aceite en una sartén grande antiadherente. Eche la patata y la cebolla y fríalas, removiendo, 20 minutos o hasta que estén tiernas pero sin dorarse. Ponga un colador sobre un bol, escurra las patatas y la cebolla, y reserve el aceite.

2 Bata ligeramente los huevos y salpiméntelos. Mézclelos con las patatas y la cebolla.

3 Limpie con papel de cocina la sartén y caliente 2 cucharadas del aceite reservado. Cuando esté caliente, eche la preparación para la tortilla, baje el fuego y cuézala de 3 a 5 minutos hasta que la parte inferior esté cuajada. Mientras tanto, presione con una espátula la mezcla de patata y cebolla, de modo que quede bien sumergida en el huevo y separe la tortilla de los bordes para que no se pegue.

4 Cubra la sartén con un plato y sujételo con la mano libre. Incline la sartén para escurrir el aceite y luego, con un movimiento rápido, ponga la sartén boca abajo de modo que la tortilla caiga en el plato. Vuelva a poner la sartén al fuego y, si es preciso, eche en ella un poco del aceite. Deslice la tortilla en la sartén y cuaje el otro lado entre 3 y 5 minutos.

5 Pase la tortilla a un plato y sírvala caliente o fría, cortada en tacos, tiras o triángulos y adornada con perejil.

tortilla de chorizo y queso

ingredientes

PARA 8 PERSONAS

2 patatas pequeñas

4 cucharadas de aceite
   de oliva

1 cebolla pequeña troceada

1 pimiento rojo sin semillas
   y troceado

2 tomates sin semillas
   y en dados

140 g de chorizo en daditos

8 huevos grandes

2 cucharadas de agua fría

50 g de queso de Mahón,
   manchego o parmesano,
   rallado

sal y pimienta

preparación

1 Cueza las patatas en agua ligeramente salada, de 15 a 20 minutos o hasta que estén tiernas. Escúrralas, deje que se enfríen un poco, pélelas y córtelas en dados.

2 Caliente el aceite de oliva en una sartén grande que pueda ir al horno. Sofría la cebolla, el pimiento y el tomate a fuego lento, removiendo de vez en cuando, 5 minutos. Incorpore las patatas y el chorizo y fríalo todo 5 minutos más. Mientras tanto, precaliente el grill al máximo.

3 En un bol, bata los huevos con el agua y sal y pimienta al gusto. Eche el huevo en la sartén y cueza la tortilla de 8 a 10 minutos o hasta que esté dorada por debajo. Levante los bordes de la tortilla de vez en cuando para que el huevo caiga hacia abajo. Esparza el queso rallado por encima y acabe de hacerla bajo el grill 3 minutos, o hasta que se dore por arriba y el queso se haya fundido. Sírvala templada o fría, cortada en triángulos.

tortilla de espinacas y champiñones

ingredientes

PARA 4 PERSONAS

2 cucharadas de aceite
de oliva

3 chalotes picados

350 g de champiñones
en láminas

280 g de hojas de espinaca
frescas

50 g de almendras fileteadas
tostadas

5 huevos

2 cucharadas de perejil
picado

2 cucharadas de agua fría

85 g de queso de Mahón,
manchego o parmesano,
rallado

sal y pimienta

preparación

1 Caliente el aceite de oliva en una sartén que pueda ir al horno y sofría el chalote unos 5 minutos o hasta que esté tierno. Agregue los champiñones y fríalos a fuego lento, removiendo de vez en cuando, 4 minutos. Añada las espinacas, suba el fuego y fríalas 3 o 4 minutos, o hasta que se pochen. Baje el fuego, salpimiente la mezcla e incorpore las almendras.

2 En un bol, bata los huevos con el perejil, el agua, sal y pimienta. Eche la mezcla en la sartén y cuézalo todo de 5 a 8 minutos, o hasta que la parte de abajo de la tortilla esté dorada. Levante los bordes de la tortilla de vez en cuando para que el huevo caiga hacia abajo. Mientras tanto, precaliente el grill al máximo.

3 Esparza el queso rallado sobre la tortilla y deje la sartén bajo el grill 3 minutos o hasta que se dore por encima y el queso se haya fundido. Sírvala templada o fría, cortada en triángulos.

tortilla al horno

ingredientes

PARA 48 BOCADITOS

aceite de oliva

1 diente grande de ajo
    majado

4 cebolletas

1 pimiento verde sin semillas
    y en dados

1 pimiento rojo sin semillas
    y en dados

175 g de patatas cocidas,
    peladas y en dados

5 huevos grandes

125 g de nata agria

175 g de queso roncal,
    cheddar o parmesano,
    recién rallado

3 cucharadas de cebollino
    fresco picado

sal y pimienta

ensalada verde,
    para acompañar

preparación

1 Precaliente el horno a 190 °C. Forre una bandeja de unos 18 x 25 cm con papel de aluminio y úntela con aceite de oliva.

2 Caliente un poco de aceite de oliva en una sartén, eche el ajo, las cebolletas y el pimiento y fríalo a fuego medio, removiendo a menudo, durante 10 minutos o hasta que las cebolletas estén tiernas pero sin dorarse. Déjelo enfriar un poco y añada las patatas.

3 Bata en un bol los huevos, la nata agria, el queso y el cebollino. Agregue el sofrito anterior enfriado y salpimiente la preparación.

4 Eche la mezcla en la bandeja preparada y repártala bien. Cueza la tortilla al horno de 30 a 40 minutos, o hasta que esté dorada y cuajada por dentro. Pase una espátula por los bordes para separarla de la bandeja. Coloque la tortilla en una tabla de picar, con la parte dorada hacia arriba, y retire el papel de aluminio. Si la superficie de la tortilla aún está un poco líquida, cuézala un poco más bajo el grill.

5 Deje que la tortilla se enfríe del todo. Córtela en 48 trocitos. Sírvalos en una fuente con palillos, o bien colóquelos sobre rebanadas de pan. Acompáñela con ensalada verde.

huevos rebozados

ingredientes

PARA 6 PERSONAS

6 huevos duros, fríos
   y sin cáscara

120 g de sardinas de lata en
   aceite de oliva, escurridas

4 cucharadas de zumo
   de limón

1 chorrito de tabasco

1-2 cucharadas de mayonesa

50 g de harina

85 g de pan blanco rallado

1 huevo grande ligeramente
   batido

aceite vegetal, para freír

sal y pimienta

ramitas de perejil,
   para adornar

preparación

1 Parta los huevos por la mitad a lo largo, retire las yemas con una cucharilla, páselas por un colador de malla fina sobre un bol y reserve las claras.

2 Chafe las sardinas con un tenedor y mézclelas con la yema. Vierta el zumo de limón y el tabasco y añada suficiente mayonesa para preparar una pasta. Salpimiéntela al gusto.

3 Con una cuchara, ponga el relleno en las claras, colmándolas bien. Coloque la harina y el pan rallado en sendos platos hondos. Pase los huevos por harina primero, a continuación por el huevo batido y finalmente por el pan rallado.

4 Caliente aceite vegetal en una freidora o en una sartén grande a 190 °C o hasta que un trocito de pan se dore en 30 segundos. Fría los huevos, en tandas si es necesario, durante 2 minutos o hasta que estén dorados. Escúrralos sobre papel de cocina y sírvalos calientes, adornados con perejil.

huevos a la diabla

ingredientes

PARA 16 UNIDADES

8 huevos grandes

2 pimientos rojos enteros,
  en conserva

8 aceitunas verdes sin hueso

5 cucharadas de mayonesa

8 gotas de tabasco

1 buena pizca de cayena
  molida

sal y pimienta

pimentón, para espolvorear

ramitas de eneldo fresco,
  para adornar

preparación

1 Para cocer los huevos, póngalos en un cazo, cúbralos con agua fría y llévela a ebullición. Cuando el agua hierva, baje el fuego al mínimo, tape el recipiente y cueza los huevos unos 10 minutos. Escúrralos y póngalos bajo el chorro del agua fría. Enfriándolos rápidamente se evita que se forme un círculo negruzco alrededor de la yema. Golpee suavemente los huevos para resquebrajar las cáscaras y espere a que estén completamente fríos; entonces descascaríllelos.

2 Con un cuchillo afilado, parta los huevos por la mitad, a lo largo, y retire las yemas. Páselas por un colador de malla fina colocado sobre un bol.

3 Escurra los pimientos sobre papel de cocina, reserve unas tiritas y pique el resto. Reserve también 16 rodajitas de aceitunas y pique las restantes. Añada el pimiento picado y las aceitunas picadas a las yemas chafadas. Incorpore la mayonesa, mézclelo bien y agregue el tabasco, la cayena, sal y pimienta.

4 Con una cucharilla, reparta el relleno entre las medias claras. Disponga los huevos rellenos en una fuente. Adórnelos con las tiras de pimiento y las rodajitas de aceituna reservadas. Espolvoréelos con un poco de pimentón y complete la decoración con ramitas de eneldo.

huevos rellenos de queso

ingredientes

PARA 6 PERSONAS

6 huevos duros, fríos
   y sin cáscara

3 cucharadas de queso
   manchego o cheddar
   rallado

1-2 cucharadas de mayonesa

2 cucharadas de cebollino
   fresco picado

1 guindilla roja fresca,
   sin semillas y picada

sal y pimienta

hojas de lechuga,
   para acompañar

preparación

1 Parta los huevos por la mitad a lo largo.
Con una cucharilla, retire las yemas y páselas
por un colador de malla fina colocado sobre
un bol. Reserve las claras. Mezcle la yema
con el queso rallado, la mayonesa, el cebollino
y la guindilla. Salpimiente la preparación.
Con una cuchara, reparta el relleno entre
las claras.

2 Disponga las hojas de lechuga en platos
individuales y coloque los huevos encima.
Tape los platos y déjelos en el frigorífico hasta
que vaya a servirlos.

huevos flamencos

ingredientes

PARA 4 PERSONAS

4 cucharadas de aceite
   de oliva

1 cebolla en rodajas finas

2 dientes de ajo picados

2 pimientos rojos sin semillas
   y troceados

4 tomates pelados
   y troceados

1 cucharada de perejil picado

sal y cayena molida

200 g de maíz dulce de lata,
   escurrido

4 huevos

preparación

1 Precaliente el horno a 180 °C. Caliente el aceite de oliva en una sartén de base gruesa. Eche la cebolla y el ajo y fríalo a fuego lento, removiéndolo de vez en cuando, durante 5 minutos o hasta que los ingredientes estén tiernos. Incorpore el pimiento y fríalo todo, removiendo de vez en cuando, 10 minutos más. Añada el tomate y el perejil, sazone con sal y cayena molida y fríalo todo junto otros 5 minutos. Agregue el maíz y retire la sartén del fuego.

2 Reparta la mezcla en 4 cuencos individuales para el horno. Con una cuchara, haga un hueco en la superficie y casque un huevo en cada hueco.

3 Hornee los huevos flamencos de 15 a 25 minutos o hasta que estén hechos. Sírvalos calientes.

huevos revueltos a la vasca

ingredientes

PARA 4-6 PERSONAS

3-4 cucharadas de aceite
   de oliva

1 cebolla grande picada

1 pimiento rojo grande,
   sin semillas y troceado

1 pimiento verde grande,
   sin semillas y troceado

2 tomates grandes pelados,
   sin semillas y troceados

50 g de chorizo en rodajas
   finas y sin la piel

40 g de mantequilla

10 huevos grandes
   ligeramente batidos

sal y pimienta

4-6 rebanadas de pan
   de hogaza, tostadas,
   para acompañar

preparación

1 Caliente a fuego medio 2 cucharadas de aceite de oliva en una sartén de base gruesa. Eche la cebolla y los pimientos y sofríalo durante 5 minutos o hasta que las hortalizas estén tiernas pero no doradas. Incorpore el tomate y caliéntelo. Páselo todo a una fuente refractaria y resérvelo caliente en el horno, a baja temperatura.

2 Ponga otra cucharada de aceite en la sartén y fría el chorizo durante 30 segundos, sólo para calentarlo un poco y que el aceite se impregne de su sabor. Mezcle el chorizo con los ingredientes reservados.

3 Si es necesario, eche un poco más de aceite en la sartén. Funda la mantequilla. Salpimiente el huevo y échelo en la sartén. Remuévalo hasta que esté cuajado a su gusto. Añada los ingredientes reservados y mézclelo bien. Sirva los huevos revueltos enseguida, con pan tostado caliente.

huevos de codorniz con chorizo

ingredientes

PARA 12 UNIDADES

12 rebanadas delgadas de
    pan de barra, cortadas
    en diagonal
40 g de chorizo curado,
    en 12 rodajas finas
aceite de oliva
12 huevos de codorniz
pimentón semipicante
sal y pimienta
perejil, para adornar

preparación

1 Precaliente el grill al máximo. Ponga el pan en la bandeja del horno y tuéstelo por ambos lados.

2 Corte las rodajas de chorizo para que no sobresalgan de las rebanadas de pan y colóquelas encima. Resérvelo.

3 Caliente una fina capa de aceite en una sartén grande, a fuego medio, hasta que un trocito de pan se dore en unos 40 segundos. Fría los huevos, echando el aceite sobre las yemas, hasta que estén cuajados a su gusto.

4 Retire los huevos fritos de la sartén y escúrralos sobre papel de cocina. Luego, dispóngalos sobre las rebanadas de pan con chorizo y espolvoréelos con pimentón. Salpiméntelos al gusto, adórnelos con perejil y sírvalos enseguida.

queso frito

ingredientes

PARA 6-8 PERSONAS

200 g de queso manchego

3 cucharadas de harina

sal y pimienta

1 huevo

1 cucharadita de agua

85 g de pan rallado, blanco
    o moreno

abundante aceite de girasol,
    para freír

preparación

1 Corte el queso en trozos triangulares de unos 2 cm de grueso o, si lo prefiere, en tacos de aproximadamente el mismo tamaño. Ponga la harina en una bolsa de plástico y salpimiéntela. Casque el huevo sobre un plato y bátalo junto con el agua. Disponga el pan rallado en un plato.

2 Pase los trozos de queso por la harina, procurando que queden bien cubiertos, después sumérjalos en el huevo batido y finalmente rebocélos bien con el pan rallado. Póngalos en un plato grande y guárdelos en el frigorífico hasta que vaya a freírlos.

3 Cuando llegue ese momento, caliente abundante aceite de girasol en una sartén grande, hasta que un dado de pan se dore en 30 segundos. También puede calentar el aceite de una freidora a 180 o 190 °C. Fría los trozos de queso, en tandas de 4 o 5 para que la temperatura del aceite no baje, y dándoles la vuelta una vez, de 1 a 2 minutos, justo hasta que el queso empiece a fundirse y estén intensamente dorados por todos los lados. Antes de freír una nueva tanda, asegúrese de que el aceite esté bastante caliente, porque si no el rebozado tardaría demasiado en ponerse curruscante y el queso rezumaría.

4 Una vez frito, retire el queso con una rasera y deje que se escurra sobre papel de cocina. Sírvalo caliente con palillos para pincharlo.

buñuelos de queso con salsa de tomate picante

ingredientes

PARA 8 PERSONAS

70 g de harina

50 ml de aceite de oliva

150 ml de agua

2 huevos batidos

60 g de manchego,
parmesano, cheddar,
gouda o gruyer, rallado
fino

$1/2$ cucharadita de pimentón

sal y pimienta

aceite de girasol, para freír

salsa de tomate picante

2 cucharadas de aceite
de oliva

1 cebolla pequeña picada
fina

1 diente de ajo chafado

1 chorrito de vino blanco seco

400 g de tomate triturado
en conserva

1 cucharada de puré
de tomate

$1/4$-$1/2$ cucharadita de copos
de guindilla

unas gotas de tabasco

1 pizca de azúcar

sal y pimienta

preparación

1 Para preparar la salsa, caliente el aceite en un cazo, eche la cebolla y fríala 5 minutos hasta que esté blanda, pero sin dorarse. Agregue el ajo y fríalo 30 segundos. Vierta el vino, déjelo borbotear, eche los ingredientes restantes de la salsa y cuézalo todo a fuego lento, destapado, de 10 a 15 minutos o hasta que la salsa se haya espesado. Resérvela.

2 Mientras tanto, prepare los buñuelos. Tamice la harina sobre un plato. Lleve a ebullición en un cazo el aceite y el agua. En cuanto arranque a hervir, retire el cazo del fuego y eche en ese recipiente, de golpe, la harina. Con una cuchara, remueva bien la masa hasta que esté fina y se separe de las paredes del cazo.

3 Deje enfriar la masa 1 o 2 minutos e incorpore gradualmente los huevos, batiendo bien después de cada adición, de modo que la mezcla esté siempre consistente. Añada el queso y el pimentón, salpimiente y mézclelo.

4 Caliente abundante aceite a 180 o 190 ºC, o bien hasta que un dado de pan se dore en 30 segundos. Eche cucharaditas de la masa, por tandas, en el aceite caliente y, dándoles la vuelta, fría los buñuelos 2 o 3 minutos o hasta que estén dorados; han de hincharse y subir a la superficie. Escúrralos sobre papel de cocina y sírvalos calientes con la salsa aparte.

higos con queso azul

ingredientes

PARA 6 PERSONAS

12 higos maduros

350 g de queso azul español,
   como el picón,
   desmenuzado

aceite de oliva virgen extra

almendras
   caramelizadas

100 g de azúcar lustre

115 g de almendras

mantequilla, para untar

preparación

1 En primer lugar, caramelice las almendras. Para ello, caliente el azúcar en un cazo a fuego medio y remueva hasta que se derrita, se ponga de color marrón y burbujee. Cuando lo haga, deje de remover. Retire el cazo del fuego, eche las almendras una a una y deles la vuelta para que queden bien impregnadas. Si el caramelo se endureciera, vuelva a calentarlo. Pase las almendras a una bandeja ligeramente engrasada. Déjelas reposar hasta que se enfríen y endurezcan.

2 Cuando vaya a servir el plato, parta los higos por la mitad y ponga 4 mitades en cada plato individual. Trocee gruesas las almendras con los dedos. Ponga un poco de queso azul en cada plato y reparta la almendra. Rocíe los higos con un chorrito de aceite de oliva.

ensalada de judías blancas y cabrales

ingredientes

PARA 4 PERSONAS

150 g de judías blancas
   secas, remojadas 4 horas
   o toda la noche

1 hoja de laurel

4 cucharadas de aceite
   de oliva

2 cucharadas de vinagre
   de jerez

2 cucharaditas de miel fluida

1 cucharadita de mostaza
   de Dijon

sal y pimienta

2 cucharadas de almendras
   fileteadas, tostadas

200 g de cabrales u otro
   queso azul, desmenuzado

preparación

1 Escurra las judías y póngalas en una olla. Cúbralas con agua y eche la hoja de laurel; llévelas a ebullición. Cuézalas de 1 a 1$\frac{1}{2}$ horas o hasta que estén tiernas. Escúrralas, póngalas en un bol y déjelas enfriar un poco. Deseche el laurel.

2 Mientras tanto, prepare el aliño. Bata el aceite de oliva, el vinagre, la miel y la mostaza en un bol y salpimiente al gusto. Vierta el aliño sobre las judías y remuévalas con suavidad. Añada las almendras y vuelva a remover la ensalada. Déjela reposar a temperatura ambiente.

3 Sirva las judías en platos individuales con un poco de queso desmenuzado por encima.

ensalada de queso y tomate a las hierbas

ingredientes

PARA 6 PERSONAS

1 cucharadita de semillas
   de sésamo

$1/4$ de cucharadita de comino

4 tomates sin semillas
   y en dados

5 cucharadas de aceite
   de oliva

4 cucharadas de zumo
   de limón

2 cucharaditas de tomillo
   fresco

1 cucharada de menta fresca
   picada

4 chalotes picados

500 g de idiazábal o
   cualquier otro queso
   de oveja, en dados

sal y pimienta

preparación

1 Tueste las semillas de sésamo y de comino sin aceite, en una sartén pequeña, agitándola constantemente, hasta que se abran y suelten su aroma. Retírelas del fuego y déjelas enfriar.

2 Disponga el tomate en un cuenco. Para preparar el aliño, bata en un bol el aceite y el zumo de limón. Salpimiente la mezcla al gusto y añádale el tomillo, la menta y el chalote. Mézclelo bien.

3 Ponga el queso en otro cuenco. Vierta la mitad del aliño sobre el tomate y remueva. Cúbralo con film transparente y déjelo en el frigorífico durante 1 hora. Vierta el resto del aliño sobre el queso y déjelo también tapado en el frigorífico 1 hora.

4 Para servir el plato, reparta el queso aliñado entre 6 platos individuales y esparza la mitad de las semillas tostadas. Cúbralo con el tomate aliñado y esparza el resto de las semillas.

pimientos asados con queso

ingredientes

PARA 6 PERSONAS

1 pimiento rojo partido por la
    mitad y despepitado

1 pimiento naranja partido
    por la mitad y despepitado

1 pimiento amarillo partido
    por la mitad y despepitado

115 g de queso afuega'l pitu,
    o cualquier otro similar,
    en dados

1 cucharada de miel fluida

1 cucharada de vinagre
    de jerez

sal y pimienta

pimentón, para adornar

preparación

1 Precaliente el grill al máximo. Ponga los pimientos en la bandeja del horno, con la parte cortada hacia abajo, en una sola capa. Áselos bajo el grill de 8 a 10 minutos o hasta que la piel esté chamuscada. Con unas pinzas, meta los pimientos en una bolsa de plástico; átela y déjelos enfriar.

2 Cuando los pimientos se hayan enfriado un poco, quíteles la piel con los dedos o con un cuchillo. Colóquelos en una fuente y cúbralos con el queso.

3 Bata la miel y el vinagre en un bol y salpimiente al gusto. Vierta el aliño sobre los pimientos, tápelos y déjelos en el frigorífico hasta el momento de servirlos. Sirva el plato espolvoreado con pimentón.

queso de Burgos
al vinagre de jerez

ingredientes

PARA 4 PERSONAS

400 g de queso de Burgos

1-2 cucharadas de miel fluida

1 1/2-3 cucharadas de vinagre
   de jerez

para acompañar

bastoncillos de zanahoria

jerez frío

preparación

1 Ponga el queso en un bol, remuévalo hasta que esté cremoso y mézclelo con 1 cucharada de miel y 1 1/2 cucharadas de vinagre.

2 Pruébelo y rectifique la sazón con más miel o vinagre a su gusto.

3 Repártalo en 4 cuencos individuales, tápelos y déjelos en el frigorífico hasta el momento de servirlos. Sirva el queso con bastoncillos de zanahoria y jerez frío.

empanadillas de queso y aceitunas

ingredientes

PARA 26 UNIDADES

90 g de queso curado
   o tierno, en daditos

90 g de aceitunas verdes
   sin hueso, en rodajitas

60 g de tomates secados al
   sol, en aceite y escurridos,
   en trocitos

50 g de filetes de anchoa
   en conserva, escurridos
   y en trocitos

pimienta

60 g de pasta de tomates
   secados al sol

harina, para espolvorear

500 g de pasta de hojaldre,
   descongelada si era
   congelada

huevo batido, para pintar

preparación

1 Precaliente el horno a 200 °C. Ponga en un cuenco el queso, las aceitunas, los tomates y las anchoas. Sazónelo con pimienta y mézclelo, incorporando también la pasta de tomate.

2 Sobre una superficie espolvoreada con harina, extienda fina la pasta de hojaldre con el rodillo. Con un cortapastas de 8 cm de diámetro, corte 18 redondeles. Apile los recortes, extiéndalos con el rodillo y corte 8 redondeles más. Con una cucharilla, ponga un poco del relleno en el centro de cada redondel de pasta.

3 Humedezca los bordes con un poco de agua y doble cada redondel por la mitad, de modo que el relleno quede completamente cubierto. Presione y pellizque los bordes de las empanadillas para que queden bien selladas. Con la punta de un cuchillo afilado, haga una incisión en la parte superior de cada empanadilla. Puede guardarlas en el frigorífico hasta que vaya a hornearlas.

4 Disponga las empanadillas en bandejas de horno humedecidas y píntelas con huevo batido. Hornéelas de 10 a 15 minutos o hasta que hayan subido, estén crujientes y tengan un bonito color dorado. Pueden servirse calientes, templadas o frías.

tabla **de** equivalencias

Las equivalencias exactas de la siguiente tabla han sido redondeadas por conveniencia.

medidas de líquidos/sólidos

sistema imperial (EE UU)	sistema métrico
1/4 de cucharadita	1,25 mililitros
1/2 cucharadita	2,5 mililitros
3/4 de cucharadita	4 mililitros
1 cucharadita	5 mililitros
1 cucharada (3 cucharaditas)	15 mililitros
1 onza (de líquido)	30 mililitros
1/4 de taza	60 mililitros
1/3 de taza	80 mililitros
1/2 taza	120 mililitros
1 taza	240 mililitros
1 pinta (2 tazas)	480 mililitros
1 cuarto de galón (4 tazas)	950 mililitros
1 galón (4 cuartos)	3,84 litros
1 onza (de sólido)	28 gramos
1 libra	454 gramos
2,2 libras	1 kilogramo

temperatura del horno

farenheit	celsius	gas
225	110	1/4
250	120	1/2
275	140	1
300	150	2
325	160	3
350	180	4
375	190	5
400	200	6
425	220	7
450	230	8
475	240	9

longitud

sistema imperial (EE UU)	sistema métrico
1/8 de pulgada	3 milímetros
1/4 de pulgada	6 milímetros
1/2 pulgada	1,25 centímetros
1 pulgada	2,5 centímetros